HEINRICH SCHLIEMANN

REISE DURCH CHINA UND JAPAN

IM JAHRE 1865

HEINRICH SCHLIEMANN

HEINRICH SCHLIEMANN

Reise durch China und Japan im Jahre 1865

ROSGARTEN VERLAG GMBH
KONSTANZ

Einbandvorderseite: Chinesische Dschunken
Vorderes Vorsatz: Kanton
Hinteres Vorsatz: Hongkong

Titel der Originalausgabe:
La Chine et le Japon au temps présent
Librairie Centrale, Paris 1867

Übersetzung aus dem Französischen:
Franz Georg Brustgi

ISBN 3 87685 108 4

GESAMTHERSTELLUNG:
DRUCKEREI UND VERLAGSANSTALT KONSTANZ GMBH
KONSTANZ AM FISCHMARKT

Vorwort

Als der Kaufmann und spätere Entdecker Trojas, Heinrich Schliemann, auf seiner Weltreise 1865 China und Japan besucht, sind die chinesischen Seidentapeten in den Salons der europäischen Aristokraten längst verblaßt und die Pagoden, Teehäuser und hochgewölbten Brücken in den fürstlichen Gärten nur noch eine Reminiszenz an die China-Mode des ausgehenden 18. Jahrhunderts. Der fortschrittsgläubige Bürger des 19. Jahrhunderts lehnt die exotische Schwärmerei ab, sein Urteil über die Handelspartner im Fernen Osten ist nüchtern und oft negativ. China wie Japan gelten als rückständig, morbide und im westlichen Sinn unzivilisiert.

Auch Schliemann teilt vor Antritt seiner Reise weitgehend diese Ansicht seiner Zeitgenossen, in der er sich auch aufgrund seiner geschäftlichen Beziehungen und kaufmännischen Erfahrungen vor allem mit China bestätigt findet. Und doch wird schon bei seiner Ankunft in Peking deutlich, daß Träume und Abenteuergeschichten aus Kindertagen sein persönliches China-Bild mitbestimmen: »Als ich durch eines der neun Tore Peking betrat . . . war ich von der gleichen Bewunderung erfüllt, mit der Marco Polo bei seiner Rückkehr nach Venedig im Jahre 1291 von den Herrlichkeiten Cambalucs (Peking) oder der Hauptstadt des Großkhans erzählte.«

Diese romantische Betrachtungsweise Schliemanns ist es im

übrigen auch, die ein ganz wesentlicher Antrieb bei den ab 1870 beginnenden Ausgrabungsarbeiten in Griechenland werden sollte und zu der aufsehenerregenden Entdeckung von Troja führt. Während seiner Weltreise unterliegt sie jedoch einer ständigen Kontrolle durch die realistische und ökonomische Sicht des Kaufmanns Schliemann. So zeichnet er peinlich genau alle Ereignisse in seinem Tagebuch auf und versucht, sie in Form eines klärenden Selbstgespräches zu verstehen und in einen größeren kulturellen oder politischen Zusammenhang einzuordnen.

Die politische Situation in China während Schliemanns Aufenthalt ist äußerst gespannt. Durch die Niederlage im Opiumkrieg und den von den Engländern diktierten Vertrag von Nanking (1842) verliert China seine Zollautonomie und muß fünf Vertragshäfen öffnen sowie hohe Kriegsentschädigungen zahlen. In einem weiteren Vertrag, dem von Tientsin (1858), nutzen Großbritannien und Frankreich die Schwäche der chinesischen Zentralregierung aus und erzwingen die Akkreditierung von Gesandten in Peking, die Öffnung zusätzlicher Häfen und die Freizügigkeit für westliche Kaufleute und Missionare.

Es ist erstaunlich, mit welcher Unbekümmertheit sich Schliemann über die möglichen und tatsächlichen Gefahren, die diese Situation mit sich bringt, hinwegsetzt und mit welcher Willenskraft er Unbequemlichkeiten und Anstrengungen meistert. Seine Besichtigung der Großen Chinesischen Mauer ist nur ein Beispiel unter anderen. Geradezu unglaublich aber ist die Pedanterie und Beharrlichkeit Schliemanns, wenn es um Zahlen- und Maßangaben, Geldbeträge oder detaillierte Beschreibungen fremder Bräuche geht. Zollstock, Fernrohr, Papier und Feder – Dinge, die Schliemann ständig bei sich trägt – verleihen seinen Berichten eine geradezu ablesbare Beweiskraft. Diese Berichte finden sich nicht nur in seinen Tagebuchaufzeichnungen, sondern werden auch im damaligen »Journal de St. Petersbourg« veröffentlicht.

Als sich Schliemann nach einem über einmonatigen Aufenthalt in China nach Japan begibt, trifft er dort auf politische Verhältnisse, die für jeden Ausländer aus dem Westen eine Reise durch das Land zu einem lebensgefährlichen Wagnis machen. Den Vereinigten Staaten von Amerika ist es 1852 unter der Führung von Commodore Perry gelungen, die hermetische Abgeschlossenheit Japans zu durchbrechen und trotz des großen Fremdenhasses der Japaner mit ihnen einen Handelsvertrag abzuschließen. Dieser wird durch entsprechende Verhandlungen des amerikanischen Konsuls Harris 1858 auf folgende Punkte erweitert: Ernennung eines amerikanischen Gesandten in Tokio (Yedo), freier Handel ohne behördliche Einmischung und Öffnung weiterer japanischer Häfen. Die Niederlande, Großbritannien und Frankreich erhalten von Japan ähnliche Zusicherungen. Der Durchführung der Verträge werden von seiten der japanischen Regierung aber immer neue Hindernisse entgegengestellt, die in der öffentlichen Aufforderung, alle Fremden zu vertreiben, ihren Ausdruck finden. Es kommt zu einem Angriff durch ein amerikanisches, britisches, französisches und holländisches Geschwader, das schließlich 1864 die kaiserliche Billigung der Verträge von 1858 erzwingt.

Aber selbst im Frühjahr 1865 ist es einem Ausländer wie Schliemann noch nicht möglich, ohne Passierschein, das heißt ohne Einladung des amerikanischen Gesandten, und ohne eine Eskorte von fünf japanischen Polizeibeamten Tokio zu besuchen. Auch hier ist wieder die Sorglosigkeit Schliemanns bemerkenswert, der in Kenntnis der Situation – er berichtet ausführlich über Attentatsversuche und Überfälle der Japaner auf die ausländischen Gesandtschaften – seinem Bildungs- und Wissensdrang nachgibt. Unermüdlich besichtigt er eine Sehenswürdigkeit nach der anderen. Er notiert die Preise der zum Kauf angebotenen Waren, begutachtet ihre Qualität und stellt Vergleiche an, etwa zwischen den kostensparenden japanischen und den luxuriösen europäischen Haushaltungen oder zwischen dem japanischen Fernrohr und dem menschlichen Auge. Und es liest sich inzwischen wie eine Anekdote, wenn der kurzsichtige Schliemann erklärt, er könne mit seinen Augen weiter sehen als mit dem japanischen Präzisionsinstrument.

Der Bericht Schliemanns über Japan ist länger und positiver als der über China. Den »brennenden Wunsch«, Japan zu sehen, hatte er schon als Kaufmannsgehilfe in Amsterdam. Als sein Wunsch endlich Wirklichkeit wird, befindet sich Japan im Umbruch: Die Abgeschlossenheit des Inselreiches ist nicht länger aufrechtzuerhalten, und der rigide Nationalismus der herrschenden Adelsklasse kann sich gegenüber den westlichen Einflüssen nicht mehr behaupten. Nippon beginnt über sich selbst hinauszuwachsen. Wenn auch Schliemann an diese Entwicklung noch nicht recht glaubt, so weiß doch der heutige Leser, daß Japan inzwischen zu den modernsten Industrienationen der Welt gehört.

Am 4. Juli 1865 reist Schliemann von Japan aus nach San Francisco. Während der 50tägigen Überfahrt verfaßt er sein erstes Buch, »La Chine et le Japon au temps présent«, in Französisch. Das Französische – wie alle 15 europäischen Fremdsprachen, die Schliemann fließend sprechen und schreiben konnte – hatte er nach einem selbst erfundenen Verfahren innerhalb von sechs Monaten erlernt. Durch ständiges Lesen und unentwegtes halblautes Aufsagen konnte er schon bald ganze Romane von Fénelon auswendig rezitieren. So eignete er sich mit Hilfe seiner außergewöhnlichen Gedächtniskraft systematisch die fremde Sprache an, ohne sie von ihrer grammatikalischen Struktur her zu erfassen.

Nach Vorabdruck in einer Zeitschrift in Paris verkaufte Heinrich Schliemann im Februar 1866 das Verlagsrecht für sein Buch an die Librairie Centrale in Paris.

Die vorliegende Übersetzung von Franz Georg Brustgi, der auch eine Biographie über Heinrich Schliemann (»Heinrich Schliemann«, München 1971) veröffentlichte, ist die erste deutsche Übersetzung. Es wurde darauf geachtet, den Stil Schliemanns in seiner Eigenart möglichst getreu wiederzugeben. Das bedeutete, daß nicht versucht wurde, denkbare Straffungen oder Kürzungen am Text vorzunehmen. Auch die ständig wechselnde Zeitenfolge wurde bewußt beibehalten und alle Maßangaben Schliemanns blieben unverändert: der Tagebuchcharakter sollte erhalten bleiben. Abweichend von der Originalausgabe entschloß sich der Übersetzer, die Anmerkungen gleich in die entsprechenden Textstellen einzuarbeiten und zusätzliche Kapitelüberschriften einzufügen, um eine lesbarere Strukturierung zu erreichen. Auch wurde die Schreibweise der japanischen Namen und Wörter vereinheitlicht. Die biographischen Angaben zu Heinrich Schliemann am Ende des Buches sind als zusätzliche Information gedacht. Die historischen Abbildungen und die geographische Karte mögen den Leser von heute in die Zeit von damals, 1865, einstimmen.

Konstanz, im Februar 1984 *Adelheid Pohl*

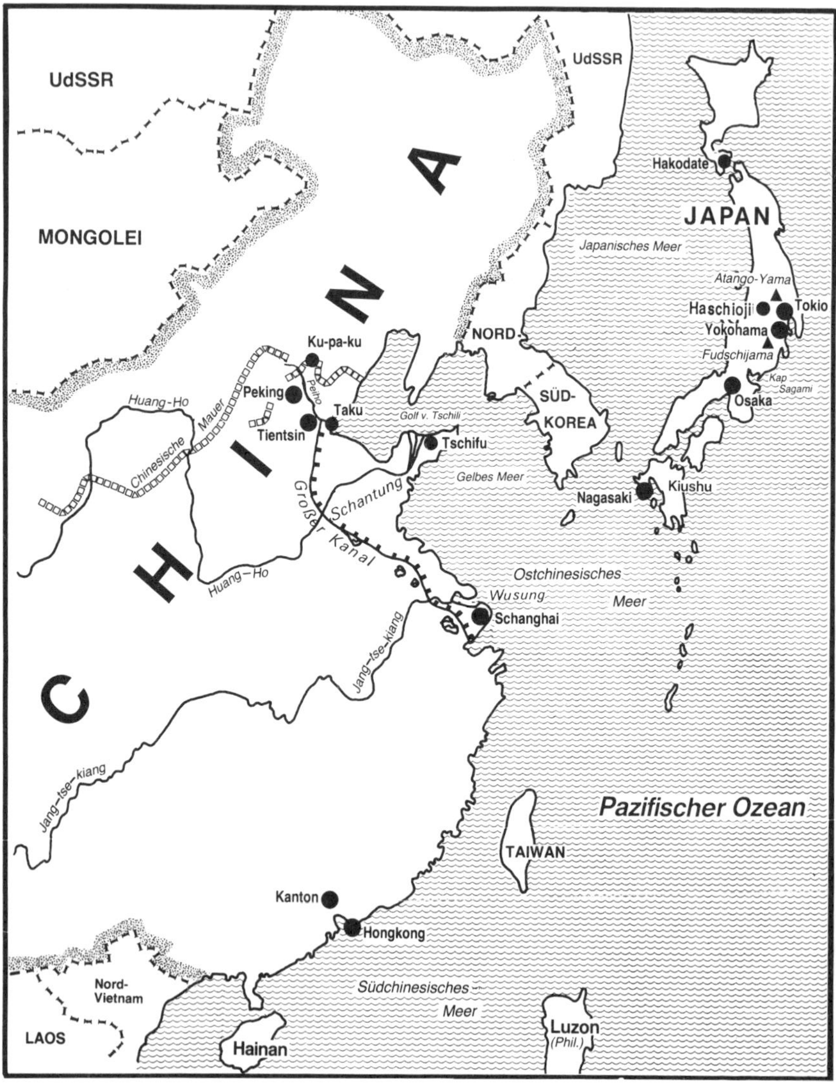
UdSSR
UdSSR
MONGOLEI
CHINA
JAPAN
Hakodate
Japanisches Meer
Atango-Yama
Haschioji
Tokio
Yokohama
Fudschijama
Kap Sagami
Osaka
NORD-
SÜD-
KOREA
Ku-pa-ku
Peking
Peiho
Taku
Tientsin
Golf v. Tschili
Tschifu
Huang-Ho
Chinesische Mauer
Gelbes Meer
Nagasaki
Kiushu
Großer Kanal
Schantung
Huang-Ho
Ostchinesisches Meer
Wusung
Schanghai
Jang-tse-kiang
Jang-tse-kiang
Pazifischer Ozean
TAIWAN
Kanton
Hongkong
Nord-Vietnam
LAOS
Südchinesisches Meer
Luzon (Phil.)
Hainan

China

Ku-pa-ku in China,
an der mandschurischen Grenze,
3. Mai 1865

Auf dem Weg nach Tientsin

Ich hatte über die »Große Chinesische Mauer« so viele widersprüchliche Berichte gehört, und da ich mich auf meiner Reise um die Welt gerade in Schanghai aufhielt, konnte ich dem Wunsch nicht widerstehen, die Große Mauer zu besichtigen. Ich tat es mit um so größerem Vergnügen, da ich dabei auch durch Peking kommen würde, wo ich viel Interessantes zu sehen hoffte. Um aber in diese Hauptstadt zu gelangen, mußte ich zuvor nach Tientsin. Ich ging also am 20. April um fünf Uhr morgens an Bord des Dampfbootes »Yün-tse-fei«, das diesen Bestimmungshafen hatte. Für die Fahrt, die man mit einem guten Dampfschiff in 59 Stunden zurücklegt, mußte ich 80 Tael in Silber (720 Francs) bezahlen.

Wir fuhren den Fluß hinab und gelangten bald in den riesigen Jang-tse-kiang, dessen trübes, lehmfarbenes Wasser das Meer 43 Meilen vor der Mündung färbt; daher sein Name Huang-hai (Gelbes Meer). Das Dampfboot war langsam. Wir brauchten drei Stunden, bis wir ins offene Meer gelangten, und trotz des günstigen Windes gelang es uns erst am dritten Tag, das Vorgebirge von Schantung zu umfahren, um in den Golf von Tschili zu kommen.

Am 23. April legten wir in Tschifu an, und ich benützte die Gelegenheit, um den berühmten, sprachbegabten Engländer Robert Thomas kennenzulernen, von dem ich in Kanton und

Schanghai so viel gehört hatte. Außer seiner Muttersprache spricht er sehr gut Russisch, Schwedisch, Deutsch, Französisch, Spanisch, Portugiesisch, Italienisch, Japanisch und Chinesisch. Da er die geistliche Laufbahn eingeschlagen hatte, wurde er von der englischen Regierung als Missionar nach China entsandt, da angenommen wurde, daß es ihm durch sein außergewöhnliches Sprachtalent sehr rasch gelingen würde, die ungeheuer schwierige chinesische Sprache zu erlernen und mit Erfolg das Evangelium zu predigen. Die Regierung hatte sich in der Tat in seinen Fähigkeiten nicht getäuscht, denn dank seiner Methode, ständig kleine Geschichten eigener Erfindung zu schreiben, sie verbessern zu lassen und dann auswendig zu lernen, gelang es Thomas im Laufe eines Jahres, das Chinesische nicht nur geläufig zu sprechen, sondern auch über ein beliebiges Thema gewandt zu schreiben, was bisher keinem Ausländer gelungen war. Da aber sein Charakter ebenso schwach wie sein Gedächtnis stark war, hielt er es in der einmal gewählten Laufbahn nicht lange aus, und da er den Glanz der weltlichen Interessen dem Ruhme vorzog, die Seelen der armen Götzenverehrer zu retten, quittierte er den Missionsdienst und nahm die bescheidene Stelle eines Dolmetschers beim Zoll in Tschifu an, die er nun seit zwei Monaten bekleidet.

Da er die chinesische Sprache besser als jeder andere Ausländer beherrscht, besteht kein Zweifel, daß er in Bälde einen leitenden Posten beim Zoll einnehmen wird, schon deswegen, weil sich die chinesische Regierung auf Grund der 1860 mit Frankreich und England geschlossenen Verträge verpflichtet sieht, ausländische Agenten mindestens so lange in ihrem Zolldienst zu beschäftigen, bis alle Entschädigungen bezahlt sind. Die Regierung hat auch nie gezögert, das beträchtliche Wachstum ihrer Einkünfte anzuerkennen, die bisher immer der Korruption der chinesischen Beamten zum Opfer fielen. Sie setzte daher diese Beamten ab und stellte statt dessen Ausländer ein, die Chinesisch konnten.

1861 wurde der Engländer Mister Lay zum Generaldirektor der Zollverwaltung ernannt. Er bezog ein Jahresgehalt von 500 000 Francs, die anderen Zollbeamten ein Gehalt zwischen 15 000 und 75 000 Francs.

An die Stelle von Mister Lay trat im Herbst des vergangenen Jahres der englische Konsulatsbeamte Mister Hart, der, kaum 25 Jahre alt, ein Verwaltungsgenie erster Ordnung ist. Die klugen Maßnahmen, die er ergriff, hatten zur Folge, daß die Zolleinnahmen gegenwärtig mehr als das Vierfache von dem betragen, was vor der Zulassung der ausländischen Agenten einging.

In Anerkennung seiner großen Verdienste erteilte die chinesische Regierung diesem neuen Beamten unbeschränkte Vollmacht, so daß er in allem, was die Zölle des Landes betraf, nach seinem Gutdünken handeln konnte. Sie verlieh ihm das dritthöchste Rangabzeichen des Reiches – es besteht aus einem Knopf, der am Hut getragen wird.

Es gibt hier neun Ränge und ebensoviel verschiedene Insignien. Die Stellung, die Mister Hart einnimmt, ist mit großen Vorrechten verbunden, ausgenommen davon ist allerdings das Privileg, sich im Tragsessel durch die Straßen von Peking tragen zu lassen; das ist nur den Mandarinen Ersten Ranges vorbehalten.

Da die Regierung die benötigte Anzahl Fremder, die Chinesisch sprechen und für den Zolldienst geeignet wären, in China nicht zur Verfügung hat, läßt sie aus Europa und Amerika junge Leute kommen, denen sie über die »Overland Mail« die Überfahrt Erster Klasse bezahlt. Nach ihrer Ankunft in China gibt man ihnen ein Jahr Zeit, geläufig Chinesisch sprechen und auch ein wenig lesen zu lernen, und bezahlt ihnen während dieser Zeit monatlich 100 Tael (900 Francs). Dann treten sie mit 15 000 Francs Jahresgehalt beim Zoll ihren Dienst an. Man erhöht ihr Gehalt entsprechend ihrer Befähigung und Tüchtigkeit, besonders aber nach dem Stand ihrer Kenntnisse in der chinesischen Sprache. Ich traf in Peking sechs dieser zukünftigen Zollbeamten, die gerade dabei waren, Chinesisch zu lernen; unter ihnen befinden sich ein Deutscher, ein Franzose, zwei Engländer und zwei Amerikaner, alle einstige kaufmännische Angestellte, die eine gute, unabhängige Stellung im »Himmlischen Reich« der geringen Aussicht, im eigenen Vaterland ihr Glück zu machen, vorziehen. Diese Neigung scheint aber nicht nur bei den Schreibern zu bestehen, denn auf dem Weg von Schanghai nach Tientsin hatte ich einen Berliner Architekten namens d'Alin als Reisegefährten, der nichts anderes wollte, als auf Kosten der chinesischen Regierung aus Europa wegzukommen, um in Tientsin Chinesisch zu lernen und dann Zollbeamter zu werden. Dieser Architekt sieht in den Erfahrungen in der Fremde den Vorteil, eines Tages doch die Chance zu haben, in der preußischen Hauptstadt Paläste bauen zu dürfen. Dieses Studium sichert selbst einem weniger befähigten Mann ein gutes Auskommen und öffnet einem begabten das Tor zu einer glänzenden Karriere.

Doch ich komme zu sehr von meinem eigentlichen Gegenstand, der Großen Mauer, ab; aber bevor ich dort ankomme, muß ich noch einiges von meiner Reise erzählen.

Am 27. April fuhren wir bei den Forts von Taku in die Mündung des Peiho ein. Das im Norden gelegene Fort hat eine französische, das südliche eine englische Garnison. Auf Grund der Verträge von 1860 wird die Besetzung so lange dauern, bis die Entschädigungssumme restlos getilgt ist.

Auf der Seite des Südforts liegt das sich über eine Meile hinziehende Städtchen Taku, das 40 000 bis 60 000 Einwohner zählt.

Wir fuhren den schönen Fluß Peiho hinauf, dessen Ufer mit Reis und Obstbäumen bepflanzt sind. Die Aprikosen- und Pfirsichbäume standen in voller Blüte, die anderen Bäume waren noch kahl. In China werden alle Felder von Hand gepflügt und bestellt, und häufig sieht man Menschen, die an

Stelle von Pferden oder Ochsen vor Pflüge und Eggen gespannt sind. Überall sind Leute in den Gärten an der Arbeit, denn der Gartenbau ist dringend notwendig, weil der Boden sonst niemals die zahlreichen Bewohner ernähren könnte, die man auf 400 Millionen schätzt und somit die Bevölkerungszahl von ganz Europa um 140 Millionen übertrifft. In Abständen von 30 bis 40 Meter hat man am Fluß entlang an beiden Ufern tiefe Brunnen gegraben. An jedem sitzen zwei Frauen, die mit einem an einem Strick befestigten undurchlässig gemachten Korb unaufhörlich Wasser schöpfen, das sie in einen kleinen Bewässerungskanal gießen, der das Wasser in die Felder leitet. Das Wasser steht in den Brunnen so hoch, und die Frauen arbeiten so behende, daß sie in jeder Minute zehn Körbe füllen und ausleeren können.

Auf halbem Weg zwischen Taku und Tientsin kamen wir durch das große »Dorf« Tien-tsi-ku, das mindestens 100 000 Einwohner zählt. Gegen sieben Uhr abends trafen wir endlich in Tientsin ein, das am Peiho und an dem 1372 Kilometer langen Großen Kanal liegt.

Tientsin hat mehr als 400 000 Einwohner, von denen die Mehrzahl in den Vorstädten wohnt. Unter allen schmutzigen Städten, die ich in meinem Leben gesehen habe – und ich habe viele in verschiedenen Erdteilen gesehen, besonders aber in China –, ist Tientsin gewiß die unsauberste und abstoßendste. Hier werden alle Sinne des Reisenden fortwährend beleidigt.

Peking

Zwei Tage nach meiner Ankunft in Tientsin, am 29. April, brach ich mit zwei Maultierkarren – vor jeden waren zwei Tiere gespannt – nach Peking auf. In einem Karren war mein Diener Atshon mit dem Gepäck untergebracht, im anderen fuhr ich. Der zweirädrige Karren, das einzige Fahrzeug in ganz China, ist das alleinige Beförderungsmittel, das die Straßenverhältnisse in den Städten und der Zustand der großen Überlandwege erlauben. Er ist immer zweirädrig und mit blauem Baumwollstoff gewölbeartig überspannt. Der Wagen ist zu kurz, um sich in ihm hinlegen zu können, nicht hoch genug, um auf europäische Art darin zu sitzen, und natürlich nicht gefedert, für jeden Europäer eine entsetzliche Quälerei. Wenn die Chinesen das nicht empfinden, kann ich es nur einer mangelhaften oder aber einer besonders guten Beschaffenheit ihres Nervensystems zuschreiben. Ich fand kein anderes Mittel gegen das Eingezwängtsein, als mich rittlings auf die Deichsel zu setzen, weil ich in dieser Lage am wenigsten unter den beträchtlichen Stößen und Erschütterungen zu leiden hatte.

Über Mangel an Verpflegung während der Fahrt kann ich mich nicht beklagen, denn überall gab es Reis, manchmal sogar Eier und Hammelfleisch.

Wie zerschlagen kam ich am 30. April um sechs Uhr abends in Peking an. Ich sah von der Stadt nichts, als ich vor der

Stadtmauer stand, die großartig und gewaltig ist. Sie ist insgesamt 52 Kilometer lang, je nach den örtlichen Verhältnissen 16 bis 23 Meter hoch, am Fuße 20, oben 16 Meter breit, so daß acht Wagen europäischer Art nebeneinander fahren könnten. Alle 100 Meter erheben sich Bastionen, 20 Meter im Quadrat. Ich zählte neun große, vierstöckige Tortürme, 67 Meter im Quadrat und 67 Meter hoch. Jeder dieser Türme ist durch einen anderen von derselben Größe geschützt.

Peking besteht aus drei Stadtteilen: der Kaiserstadt, der Tatarenstadt und der Chinesenstadt. Die Stadtteile sind durch hohe, starke Mauern, die mit Türmen und Toren befestigt sind, voneinander getrennt; das Ganze ist von der gewaltigen, 52 Kilometer langen Stadtmauer umgeben, wie ich schon erwähnt habe.

Als ich durch eines der neun Tore Peking betrat und die nach beiden Seiten unabsehbar sich hinziehende Mauer sah, war ich von der gleichen Bewunderung erfüllt, mit der Marco Polo bei seiner Rückkehr nach Venedig im Jahre 1291 von der Herrlichkeit Cambalucs (Peking) oder der Hauptstadt des Großkhans erzählte.

Ich glaubte im Innern der Stadt Wunderdingen zu begegnen, aber ich hatte mich schrecklich getäuscht. Da es in Peking keine Hotels gibt, ausgenommen die abstoßend schmutzigen Herbergen für Fuhrleute, nahm ich Aufenthalt in einem Buddhatempel, wo mir die Mönche mit grenzenloser Gastfreundschaft für sechs Francs pro Tag ein Zimmer überließen; anfangs verlangten sie zwölf, und erst nach langem Feilschen bekam ich es schließlich für die Hälfte. Das Zimmer maß vier Meter im Quadrat, die Hälfte davon nahm das Bett ein, das aus einer breiten steinernen Schlafbank bestand, und ich hatte den Vorzug, mir auf den Steinplatten den weichsten Platz auszusuchen, um meinen müden Leib auszustrecken. Der Rest des Zimmerbodens war nicht mit Steinplatten belegt. Man hatte ihn mit Wasser besprengt, um den Staub zu binden, im Übereifer aber zuviel ausgegossen, so daß auf diese Weise ein übelriechender Schlamm entstanden war. Die ganze Ausstattung bestand aus einem Tisch und einem Schemel. Die Wände, von unbestimmbarer Farbe, waren mit zehn zweieinhalb Meter langen und 64 Zentimeter breiten Tafeln mit Zitaten aus dem Heiligen Buch des Konfuzius in schöner chinesischer Schrift behängt. Das Zimmer hatte außerdem neun Fensteröffnungen, in die an Stelle von Glasscheiben dünnes weißes Papier eingespannt war; der Gebrauch von Glasscheiben ist den Bewohnern des »Himmlischen Reiches« unbekannt.

Es war acht Uhr abends, als ich mich endlich in meinem neuen Quartier eingerichtet hatte. Ich verspürte einen wahren Heißhunger und wünschte etwas zu essen. Von den Mönchen war jedoch nichts zu bekommen, und Atshon, mein Diener, versicherte mir, daß um diese Zeit ganz Peking schlafe. Also mußte ich mich schlafen legen, ohne etwas zu Mittag und zu Abend gegessen zu haben. Doch ich war dermaßen erschöpft, daß ich auf dem harten Stein, ohne auch nur einmal aufzuwachen, bis fünf Uhr morgens schlief, als Atshon, eine Teekanne und eine Trinkschale in der einen, eine Schale Reis in der andern Hand, eintrat, um mich zu wecken. Er war um vier Uhr aufgestanden und hatte glücklicherweise Tee und Reis einkaufen können, um mir damit ein Frühstück zuzubereiten. Es war schlechter grüner Tee, den selbst der einfachste europäische Arbeiter verschmähen würde. Ich mußte ihn zudem ohne Milch und Zucker trinken, denn die Chinesen machen niemals von diesem europäischen Gaumenluxus Gebrauch, und es ist unmöglich, sich ihn überhaupt zu beschaffen. Der Reis war gelb, schlecht und ungesalzen. Atshon hatte kein Salz gekauft, weil er annahm, es von den Mönchen erhalten zu können; doch diese versicherten, sie hätten keines. Den Diener wegzuschikken, um Salz zu kaufen, hätte eine neuerliche Verzögerung um mindestens eine Viertelstunde bedeutet. Mein Hunger ließ dies jedoch nicht zu, und so machte ich mich tapfer ans Frühstück.

Atshon hatte mir wohl die beiden Stäbchen gebracht, die die Chinesen an Stelle von Messer und Gabel benützen; da ich aber nicht wußte, wie man diese Stäbchen handhabt, begann ich auf Araberart mit den Fingern zu essen. Obwohl ich noch nie ein derart miserables Frühstück genossen hatte, ließ mein Hunger es mir höchst delikat erscheinen.

Nach der Mahlzeit schickte ich Atshon fort mit dem Auftrag, zwei gesattelte Pferde zu besorgen, und gegen sechs Uhr machten wir uns auf den Weg, die Stadt zu besichtigen.

Während in der herrlichen Stadt Kanton die breiteste Straße nicht mehr als zwei Meter mißt, hat die schmalste Straße von Peking eine Breite von mindestens sechs Meter, die Mehrzahl aber 20 Meter; viele sind sogar 30, einige bis zu 50 und 60 Meter. Alle Häuser sind einstöckig und aus ofengetrockneten bläulichen Ziegelsteinen gebaut. Die Fenster der Privathäuser gehen auf den Innenhof hinaus, nur die Läden haben Fenster zur Straßenseite. Die Fassaden der Geschäfte sind mit kunstvollen Schnitzereien von allerlei Ungeheuern, insbesondere Drachen, oder auch mythologischen Szenen geschmückt. In der Regel sind die Fassaden der Häuser rot bemalt und mit vergoldeten Verzierungen versehen; doch sieht man auch oft solche, die ganz mit Gold überzogen sind. Die Aushängeschilder der Läden sind zwei bis drei Meter lang und 50 bis 60 Zentimeter breit. Sie hängen senkrecht zu beiden Seiten des Eingangs, und zwar in einem Winkel von 90 Grad zur Hauswand, damit man sie schon von weitem sehen kann. Es gibt fast keine Straße, in der nicht teilweise oder ganz verfallene Häuser stehen. Da aller Schmutz und Kehricht einfach hinausgeworfen werden, sind die Straßen voller Unebenheiten, und immer wieder weisen sie tiefe Löcher auf, die man auch zu Pferd mit großer Vorsicht umgehen muß. Ständig ist man in eine abscheuliche Staubwolke eingehüllt, die die Sonne verfinstert und das Atmen erschwert. Überall wird man von einem Haufen völlig nackter oder in einige erbärmliche Lumpen gehüllter Bettler verfolgt, fast alle sind leprakrank oder mit anderen nicht weniger abstoßenden Geschwüren bedeckt. Laut rufend bitten sie um Almosen, heben ihre abgezehrten Arme zum Himmel, knien nieder und verneigen sich ohne Ende. Was mir am meisten zu Herzen geht, ist dies, daß ich nicht imstande bin, ihre Not zu lindern. Die einzige Münze des Landes besteht aus einer Legierung aus einem Drittel Zink und zwei Dritteln Blei. Diese Geldstücke, in China »Kash« genannt, haben die Größe eines Sou und übertreffen ihn an Gewicht, in der Mitte haben sie ein viereckiges Loch, durch das man eine Bambusschnur zieht, auf der sie in Rollen von 250 Stück zusammengebunden werden. Der Wert von 1000 dieser Geldstücke entspricht einem mexikanischen Piaster oder sechs Francs; man bekäme also mehr als acht Stück für einen Sou. Im Hinblick auf das große Gewicht dieser Kash-Stücke und ihrer außerordentlichen Schmutzigkeit kann man sie nicht bei sich tragen, außer man ist im Fahrzeug unterwegs. Alle großen Zahlungen werden in den Häfen in mexikanischen Piastern getätigt, im Landesinnern ist aber dieses Geld nicht im Umlauf, und alle Zahlungen, die zu beträchtlich sind, um mit Kash beglichen zu werden, erledigt man mit Barren oder auch verschieden großen Silberstücken, die gewogen werden.

Überall sieht man fast nackte Lumpensammler, die mit einem Korb auf der Schulter und einer kleinen Harke in der Hand den Kehricht und die Abfälle durchstöbern und die kleinsten Papierfetzen und Kohlestücke herausklauben. Es ist abscheulich mitanzusehen, wie Rudel hungriger Hunde ihren eigenen Kot und Pferdemist verschlingen, solange die Mistsammler ihnen die Zeit dazu lassen. In allen Straßen stößt man auf eine Menge dieser jämmerlichen zweirädrigen Karren mit Tuchverdeck, wahre Schinderkarren, die hierzulande Droschke, Kalesche und Frachtfuhrwerk in einem sind. Überall begegnet man diesen langen, findig gebastelten chinesischen Schubkarren, die das Rad nicht vorne, wie in Europa, sondern in der Mitte haben, auf denen aber ein Mann mit Leichtigkeit sechs volle

Wasserkörbe befördern kann. Die Chinesen verstehen es, wasserdichte Körbe anzufertigen, und sie ziehen diese den Eimern vor, weil sie viel leichter und billiger sind. Wo man geht, hört man Hundegebell, Eselgeschrei und die heiseren, klagenden Rufe der langhaarigen mongolischen Kamele, die in Karawanen bis zu 60 und 70 an der Zahl mit durch die Nasenlöcher gezogenen Bambusstricken aneinandergebunden, in gemessenem Paßgang durch die Straßen ziehen.

Überall sieht man Verbrecher, die ein 1,33 Meter großes quadratisches Brett horizontal um den Hals tragen, was es ihnen unmöglich macht, die Hand zum Munde zu führen. So sind sie gezwungen, die Vorübergehenden nicht nur um Nahrung anzuflehen, sondern sie sich auch in den Mund stecken zu lassen. Auf dem Brett sind Schriftsätze angeheftet, die über das Verbrechen und die Strafdauer Auskunft geben. Außer diesen sozusagen zum Brett Verurteilten sieht man auch andere, die Eisenklötze von mindestens 20 Pfund Gewicht an Armen und Beinen mit sich schleppen, so daß sie nur gehen können, wenn sie die Eisenklötze auf dem Kopf tragen. Auf ihrem Rücken hängt eine Tafel mit dem Vermerk ihrer Übeltat und der Dauer der Strafe. Diese zwei Gruppen von Verurteilten können sich in der Stadt so frei bewegen, wie es ihre Folterwerkzeuge zulassen; bei Todesstrafe ist ihnen aber verboten, sich dieser Gegenstände auch nur für eine Minute zu entledigen.

Ich besuchte den Richtplatz, der sich mitten auf einer Hauptstraße der Chinesenstadt befindet. Mehrere Köpfe von Menschen, die kurz zuvor gefallen waren, und andere, bei denen die Exekution schon einige Monate zurückzuliegen schien, waren in eisernen Käfigen zur Schau gestellt; unter jedem Käfig war eine Tafel befestigt, auf der zu lesen stand, für welches Verbrechen der Betreffende die Todesstrafe erhalten hatte. Ich kam an einer Gruppe Soldaten vorbei, die ich nur an ihren Waffen erkannte, denn sie hatten, wie alle Chinesen, ihr Haar zu einem langen Zopf geflochten, der ihnen bis zu den Knöcheln reichte, und ihre Kleidung war die eines gewöhnlichen Arbeiters. Ihnen zur Seite ging ein Mann mit blankem Säbel in der Hand. Zwei weiße Vierecke mit chinesischen Schriftzeichen auf Brust und Rücken und der Knopf als Rangabzeichen an dem runden Hut kennzeichneten ihn als Mandarin und Führer der Truppe.

Kurz darauf begegnete ich dem Leichenzug eines Mannes, der sich offensichtlich durch die Anzahl seiner Piaster und nicht durch seinen Rang auszeichnete. 120 Arbeiter (in China Kulis genannt) gingen in Zweierreihen und trugen lange rote Stangen, an deren Ende große weiße und himmelblaue Banner wehten, bestickt mit Episoden aus dem Leben Buddhas. Den Trauergästen folgten zwölf Musikanten mit Trommeln und Gongs (kupferne runde Instrumente in Tellerform von einem Meter Durchmesser). Die Künstler spielten eine für unsere Ohren entsetzliche Trauermusik. Nach ihnen kamen zwei Kulis, die den Sessel und die Kleider des Verstorbenen trugen, daran war aber zu erkennen, daß es sich um einen einfachen Krämer handelte. Nun folgten, ebenfalls in Zweierreihen, 72 Kulis, die goldverzierte Stangen trugen. Den Schluß der Prozession bildete eine riesige, rotbemalte Totenbahre, die nicht weniger als acht Meter lang und vier Meter breit war. Sie wurde von 40 Kulis getragen. In der Mitte der Tragbahre stand der mächtige Sarg, der mindestens vier Meter lang war, dessen Farbe ich aber nicht erkennen konnte, weil er mit einem roten Seidentuch bedeckt war. Über die Tragbahre war eine riesige himmelblaue, mit prachtvollen gestickten goldenen Drachen geschmückte Decke gebreitet. Auf dem rotseidenen Tuch sah man massenweise Gold- und Silberpapier, zu kleinen Paketen gebündelt. Die gleichen Papierpakete legt man in die Särge, und auch die Todkranken werden damit umgeben. Man will auf diese Weise den Teufel täuschen, der, so glaubt man, durch den Glanz des Goldes und Silbers geblendet wird, und da er meint, die Pakete beständen tatsächlich aus diesem edlen Metall, ergreift er sie statt der Seele, derer er sich eigentlich auf dem Weg ins Paradies bemächtigen wollte. Der Verbrauch von diesem Papier ist in China außerordentlich groß, und seine Herstellung und der Handel damit geben Hunderttausenden Beschäftigung.

Bald darauf begegnete ich einem Hochzeitszug. Die Braut wurde in einer Sänfte zum Haus ihres zukünftigen Gatten gebracht; das ist die einzige Gelegenheit, bei der es einem gewöhnlichen Sterblichen in Peking erlaubt ist, sich in einer Sänfte tragen zu lassen. Über der Sänfte lag eine große rosaseidene, mit handgearbeiteten Goldstickereien verzierte Decke. Von der Braut im Innern war nichts zu sehen. Die elegante Art der Aufmachung, sowohl der Sänfte als auch ihrer Ausschmükkung, der Luxus an Stickereien und die schönen kleinen Göttinnenbilder in Goldrahmen, die rings um die Sänfte angebracht waren, ließen darauf schließen, daß die Braut eine große Schönheit war und somit besonders zierliche Füße haben mußte. Tatsächlich wird in China die Schönheit der Frau ausschließlich an der Kleinheit des Fußes gemessen. Man findet ein junges Mädchen mit Pockennarben und Zahnlücken oder schütterem Haar, aber einem Füßchen von dreieinhalb Daumenlängen hundertmal schöner als eines mit einem Fuß von viereinhalb Daumenlängen und sei es auch, nach europäischen Vorstellungen, von außerordentlicher Schönheit. Der kleine Fuß berechtigt in China ein junges Mädchen zu den süßesten Hoffnungen – er ist der Stolz der verheirateten Frau und ihr Trost im Elend.

Das ist der Grund, warum die chinesischen Frauen sich diesen kleinen Fuß formen, der die fremden Reisenden so in Erstaunen versetzt. Doch scheint keiner der Autoren, die bisher über China geschrieben haben, diesen Fuß einmal nackt gesehen zu haben, denn sie geben alle eine unzutreffende Beschreibung, indem sie behaupten, man biege alle fünf Zehen unter die Fußsohle, damit alle Zehen zusammenwachsen, und auf diese Weise eine deformierte kleine Form des Fußes entsteht. Es gelang mir, die Hindernisse, die sich einem auf Grund der Landessitten in den Weg stellen, zu überwinden, und ich konnte mehrmals die Füße chinesischer Frauen genau sehen. Sobald die Kinder weiblichen Geschlechts ein Jahr alt sind, biegt man ihnen die drei äußeren Zehen um und bindet sie mittels fest angezogener Binden gegen die Fußsohlen. Dieser dauernde starke Druck hebt die Mittelfußknochen, gibt ihnen eine Krümmung nach oben und läßt die Fersen stark hervortreten, so daß die Frauen sich beim Gehen auf die jeweiligen zwei freigebliebenen Zehen und die verformten Fersen abstützen. Ich muß jedoch betonen, daß die drei festgebundenen Zehen, obgleich sie immer gekrümmt und gegen die Fußsohle gedrückt sind, nie mit der Fußsohle zusammenwachsen. Infolge dieses dauernden starken Druckes wird das Bein oberhalb des Knöchels dick und auch die Leisten schwellen übermäßig an. Der Chinese schließt daraus auf die Dimensionen des Fußes. Es ist eigenartig, daß die eben beschriebene Maßnahme nur bei den Chinesinnen, nicht aber bei den mongolischen Frauen, die in China wohnen, üblich ist.

Welche bescheidene Kleidung die Frau auch tragen mag, ihr Fuß – einziges Objekt ihrer Koketterie – ist immer luxuriösen Ansprüchen entsprechend beschuht. Sie hüllt ihn gewöhnlich in ein grellfarbenes Seidentuch und schlüpft dann in kleine Schuhe aus roter oder schwarzer Seide mit vier Zoll dicken, weißbemalten Ledersohlen. Es muß nicht erwähnt werden, daß die Frauen mit derart verstümmelten und beschuhten Füßen wie Gänse daherwatscheln.

Die Straßen Pekings wimmeln von Bettlern, die größtenteils nur ein paar Fetzen am Leib tragen; ich habe aber keinen einzigen gesehen, der nicht ordentliche Schuhe angehabt hätte.

Die Chinesen haben eine angeborene Neigung zum Spiel, und so findet man nicht nur in jeder Straße Spielhäuser, wo selbst der kleine Ladeninhaber, der ein Geldstück stets zweimal in der Hand umdreht, ehe er es ausgibt, abends Tausende von Piastern mit Kaltblütigkeit verliert. Man trifft auch eine Menge kleiner Spielbanken verschiedenster Art auf offener Straße an, um die sich die vielen Menschen drängen.

Eine beträchtliche Anzahl Wanderköche geht durch die Straßen, auf der einen Schulter eine tragbare Küche, auf der andern einen Korb voll heißer, in Öl gebackener Reiskuchen. Als besonderes, seltsames Zeichen ihres Gastgewerbes halten sie stets einen Bambuszylinder in der Hand, der eine Anzahl Stäbchen enthält, die mit chinesischen Schriftzeichen bemalt sind. Durch das Geräusch, das beim Schütteln dieses Köchers entsteht, lenken sie die Aufmerksamkeit der Passanten auf sich. Die Liebhaber der Reiskuchen wagen den Einsatz von einigen Kash-Stücken, ziehen ein Stäbchen aus dem Bambusköcher und je nach dem Schriftzeichen, das das Stäbchen trägt, gewinnen die Spieler eine Mahlzeit von zwei oder drei Reiskuchen oder sie verlieren ihren Einsatz. Die Spielleidenschaft ist so groß, daß auch der ärmste Arbeiter immer bereit ist, das Zweifache oder Vierfache des Wertes der Kuchen zu setzen, nur wegen der geringen Aussicht, sie spielend zu bekommen. Doch beim Spiel geht es in China nicht nur um bloßen materiellen Gewinn, sondern auch, um sich der Gnade der Götter zu versichern und ihren Willen zu erfahren. So kann man auch in allen Tempeln Männer und Frauen sehen, die sich mit lauter Stimme flehend vor den Götterstatuen niederwerfen. Dann nehmen sie etwa neun Zoll lange und vier Zoll breite unförmige Holzstücke und werfen sie viermal auf die Erde, wobei sie jedesmal nachschauen, wie diese dann liegen. Darauf gehen sie zu Priestern, die sich in einer Ecke des Tempels hinter einem Tisch befinden, auf dem mehrere Bambusköcher mit chinesischen Schriftzeichenstäbchen stehen. Die frommen Leute geben den Priestern einige Kash-Stücke, worauf diese die Köcher mit den mystischen Zeichen schütteln und sie dann den Gläubigen hinhalten. Die ziehen nun drei Stäbchen und sehen voller Angst und Erregung nach, welche Zeichen sie tragen, denn diese Zeichen werden als Spruch der Götter angesehen.

Ich besuchte das Observatorium, das bemerkenswert und bedeutend ist wegen seiner vielen bronzenen astronomischen Instrumente. Unter anderem besitzt es einen Himmelsglobus von 2,66 Meter Durchmesser. Das Observatorium ist außer Betrieb. Es wurde um 1620 von dem gelehrten deutschen Missionar Johann Adam Schall aus Köln gegründet. Er stellte den berühmten chinesischen Kalender für 420 Jahre zusammen, der dem »Himmlischen Volk« nun schon 219 Jahre gute Dienste getan hat und noch weitere 201 Jahre tun wird. Alle Sonnen- und Mondfinsternisse bis zum Jahr 2066 sind in ihm mit größter Genauigkeit eingetragen, was um so erstaunlicher ist, wenn man bedenkt, daß der große Astronom ohne Hilfe des erst später erfundenen Fernrohrs arbeitete.

Von hier aus begab ich mich zum katholischen Friedhof, der 16 Kilometer vom Observatorium entfernt liegt, um die Grabstätte des berühmten Mannes zu besuchen. Ich fand sie ohne Mühe, denn sie ist fünfmal so groß wie jede andere auf diesem Friedhof. Die Chinesen erweisen dem Andenken großer Männer ihre Verehrung nicht allein durch die Größe der Grabmale, die sie ihnen errichten, sondern auch durch die mehr oder weniger große Entfernung zwischen dem Grab und dem Grabstein mit der Inschrift. So ist die letzte Ruhestätte des berühmten Schall mehr als zehn Meter von seinem Grabmal entfernt, während dieser Abstand bei irgendeiner beliebigen Grabstätte nie mehr als zwei Meter beträgt. Daraus kann man auf den Grad der Verehrung schließen, die das chinesische Volk den Verdiensten des großen deutschen Gelehrten entgegenbringt.

Die Grabinschrift in Chinesisch und Lateinisch gibt der Nachwelt Auskunft über den Lebenslauf von Schall und verkündet mit vielen Lobsprüchen die großen gemeinnützigen Taten und Werke, die der berühmte Missionar und Astronom für seine Wahlheimat vollbrachte, und man erfährt, daß er 1591 in Köln geboren und 1666 in Peking gestorben ist.

Ich ging dann nochmals durch die kaiserliche Altstadt und

die Tatarenstadt, um mich dann ins Theater in der Chinesenstadt zu begeben. Unterwegs kam ich an der kaiserlichen Residenz vorbei, die einen Umfang von nicht weniger als zwölf Kilometer hat und mit einer acht Meter hohen Mauer umgeben ist. Außer den im kaiserlichen Hause eingeführten Würdenträgern Ersten Ranges darf niemand die Residenz betreten. Zutreffender wäre es, diesen ummauerten Platz als das Gefängnis des Herrschers und nicht als seine Residenz zu bezeichnen, da die Gewohnheiten und die Sitten des Landes es ihm nicht erlauben, diese jemals zu verlassen. Hinter ihren Mauern, umgeben von der weichen Bequemlichkeit des Harems und den Schmeicheleien der Mandarine, muß der Kaiser von China die notwendigen Erfahrungen und Kenntnisse gewinnen, um eine Bevölkerung zu regieren, die eineinhalbmal so groß ist wie die ganz Europas! Wahrlich, ich glaube, daß es eine große Wohltat für die Menschheit und ein erheblicher Fortschritt für die Zivilisation in China gewesen wäre, wenn die Franzosen und die Engländer, die 1860 den Palast von Yün-ming-yün zerstörten, auch das kaiserliche Gefängnis von Peking dem Erdboden gleichgemacht hätten. Aber die göttliche Vorsehung scheint bald das zu verwirklichen, was die Verbündeten damals zu tun versäumten; denn die Mauer, die seit Jahrhunderten nicht mehr ausgebessert wurde, kann von einem Tag auf den andern zusammenstürzen.

Ich stieg auf einen benachbarten Turm, um einen Blick ins Innere der Umfriedung tun zu können: ich sah den großen kaiserlichen Palast, der nur einstöckig ist, mehrere weniger große Paläste und Tempel und ausgedehnte, mit prachtvollen Pavillons geschmückte Gärten; es sah jedoch alles in höchstem Maß vernachlässigt und verfallen aus. Üppiger Baumwuchs und Unkraut drängen sich zwischen die blauen und grünen Ziegel der Paläste, Tempel und Pavillons, und es gibt keine einzige Marmorbrücke in den Gärten, die nicht mehr oder weniger zerstört ist.

Anschließend besuchte ich die Tempel des Lichts und des Konfuzius und auch den der Buddhapriester, in dem neben vielen anderen eine 24 Meter hohe Götterstatue steht. Die Architektur all dieser Tempel würde den berühmten europäischen Baumeistern Ehre machen; doch alles ist hier heruntergekommen, unordentlich und verschmutzt. Die Gewänder an den Götterstatuen und die prachtvollen Stickereien, mit denen die Wände bedeckt sind, hängen in Fetzen herunter, die Fensterrahmen sind zum Teil zerbrochen, und die Papiere, die die Glasscheiben ersetzen, sind überall zerrissen. Mauersteine und Dachziegel, die Witterung und Pflanzenwuchs zerstörten, werden nicht wieder ersetzt.

Es ist wirklich sehr traurig und peinlich mit ansehen zu müssen, wie die derzeitige Generation, degeneriert und heruntergekommen, die großartigen Denkmäler, deren Bau einst Milliarden gekostet hat, in Trümmer fallen läßt, während es genügt hätte, wenn für jeden Tempel zwei Kulis eingestellt würden, um diesen ständig in Ordnung zu halten und einer ferneren Nachwelt zu bewahren. Ich glaube, daß man, um den geistigen Niedergang und den sittlichen Zerfall der chinesischen Herrscher und ihres Volkes zu belegen, keines anderen Beweises bedarf als den der ungeheuren Fahrlässigkeit, mit der sie die Heiligtümer ihrer Götter, diese zahllosen Denkmäler ihrer glorreichen Vorfahren, verkommen lassen.

Zuletzt gelangte ich dann in die Chinesenstadt, wo mich das Theater anzog. Es gab drei in derselben Straße; zwei waren überfüllt, im dritten fand ich auf der Galerie einen Platz. Auf die große Eingangstür waren zwei Drachen mit weit aufgesperrtem roten Rachen gemalt. Die Konstruktion des Theatersaals unterscheidet sich wesentlich von der europäischer Theater. Im Hintergrund des Saales befindet sich die erhöhte, acht auf acht Meter große Bühne ohne Vorhang und Dekoration. Die Sitzbänke für die Zuschauer verlaufen nicht parallel zur Bühne, sondern sind im Gegenteil im rechten Winkel zu ihr angeordnet, und zwischen je zwei Bänken steht ein ebenso langer, 60 Zentimeter breiter Tisch. Drei Meter über dem Fußboden sind auf den Langseiten des Zuschauerraums Galerien angebracht, wo die Bänke und Tische nicht wie im Parterre aufgestellt sind, sondern quer. Alle Plätze waren von Zuschauern besetzt, die gleichzeitig gute Gäste zu sein schienen, denn sämtliche Tische waren mit füllhornartigen Schalen gedeckt, die Branntwein, Teekannen, Brot, verschiedene Konfitüren, Melonenkerne, Weintrauben, Gemüse, Reis, Äpfel, Birnen, Tabakpfeifen, Tabak und große Rollen dieses miserablen Blei- und Zinkgeldes enthielten, das man – wie gesagt – wegen seines Gewichts und seiner Unsauberkeit nicht in die Tasche stecken kann. Ich sah keinen hier sitzen, der unbeschäftigt war, die einen aßen, die andern tranken oder rauchten. Es waren nur Männer anwesend, weil es in China als unanständig gilt, wenn eine ehrbare Frau ins Theater geht.

Die Plattform, die als Bühne dient, schmücken vier mit goldenen Schriftzeichen versehene Holzsäulen.

Die Schauspieler werden im »Himmlischen Reich« sehr gering geachtet, und die Sitte verbietet es dem schönen Geschlecht, sich dem Theaterberuf zu widmen. Deswegen werden auch alle Frauenrollen von verkleideten Männern gespielt, die wegen ihrer weiblichen äußeren Erscheinung, ihres langen Haarwuchses und ihrer weichen Stimme Frauen vollkommen naturgetreu nachahmen können. Die Kostüme, sowohl der Männer- als auch der Frauenrollen, sind aus roter, gelber, blauer, grüner oder weißer Seide und mit wundervollen Seiden- oder Goldstickereien bedeckt. Die mit Kränzen geschmückten Frauenfrisuren funkeln von unzähligen Glassplittern, die von weitem wie echte Diamanten aussehen.

Über die Bühne werden dauernd seidene, mit reichen Stickereien geschmückte Banner in allen Farben getragen.

Während der ersten Viertelstunde führte man eine in Versen geschriebene tragische Szene aus dem heroischen Zeitalter auf.

Der Vortrag der Darsteller ließ nichts zu wünschen übrig. Dann folgte eine dramatische Szene mit Musik und Gesang. Das Orchester, das sich aus sehr flachen Trommeln, Gongs und einer merkwürdigen Art Geigen zusammensetzte, vollführte eine wahre Katzenmusik, und auch die Sänger stießen für europäische Ohren beleidigende Schreie aus. Doch das Publikum schien entzückt zu sein, und die Zuschauer fanden kein Ende, ihre große Zufriedenheit durch Begeisterungsschreie auszudrücken, die von dem sonoren Geräusch überfüllter Mägen begleitet wurden. In China ist der Applaus durch Händeklatschen unbekannt.

Nach der dramatischen Szene, die nicht länger als 20 Minuten dauerte, folgte ein burleskes Stück, das so vortrefflich gespielt wurde, daß man es auch ohne Kenntnis der Sprache direkt aus dem Handlungsablauf verstehen konnte.

Sofort schloß sich eine andere tragische Szene an, denn das chinesische Theater kennt keine Zwischenakte, und ein Auftritt folgt dem anderen ohne Pause. Der Eintritt kostet einen halben Piaster, und darin sind Essen, Getränke und Tabak enthalten.

Es war sieben Uhr abends, und ich hatte seit fünf Uhr morgens nichts mehr gegessen. Mein Verlangen, Peking anzusehen, hatte mich meinen Hunger bisher vergessen lassen. Nun aber verlangte der Magen sein Recht. Ich verließ darum mit Atshon das Theater, und wir waren sehr glücklich, als wir in derselben Straße ein Restaurant fanden, das – von der bei den Chinesen üblichen Schmutzigkeit abgesehen – halbwegs anständig war. Ich bat um ein gutes Nachtessen. Der Wirt kam, um mich zu fragen, ob er zwei Schwalbennester in die Suppe geben dürfe, wobei er nicht versäumte zu bemerken, daß dies eine Mehrausgabe von zwei Piastern (ungefähr zwölf Francs) bedeuten würde. Ich war mit Freuden einverstanden, denn ich hatte noch nie Schwalbennester gegessen, obwohl ich sie massenweise auf der Insel Java gesehen hatte.

Die Suppe nimmt in der chinesischen Gastronomie die Stelle

Peking
Himmelstempel, Halle der Jahresgebete

ein, die der Nachtisch in der europäischen Speisenfolge hat. Zum Eingang servierte man mir eine gesalzene und gedämpfte Gemüsesorte, Salat, Gurken und eine Art mit Öl und etwas Milch gewürzte Bohnenpaste. Statt Messer, Gabel und Löffel brachte man zwei Stäbchen. Ich bemühte mich jedoch vergebens, diese Instrumente zu handhaben. Es gelang mir nicht, auch nur ein einziges Fleischstückchen zum Mund zu führen, und, auf die Gefahr hin, die meisten der Tischgenossen zum Lachen zu bringen, stülpte ich die Ärmel meines Gehrocks hoch, um auf arabische Art zu essen. Als der Wirt meine verzweifelte Lage erkannte, brachte er mir einen Zahnstocher, den ich gerne annahm. Der Hunger beschleunigte die Tätigkeit der Hand, und nun vermochte ich fast ebenso rasch wie mit einer Gabel zu speisen.

Danach servierte man mir zwei Scheiben Geflügel und Fisch, beide in kleine Stücke geschnitten und reichlich mit einer dicken Sauce gewürzt. Teller kennt man in China nicht. Als ich um Wein bat, bekam ich zur Antwort, in China gebe es keinen Wein. Statt dessen brachte man mir in einem kelchförmigen Gefäß aus Zinn einen sehr starken Branntwein, »maigualu« (Rosengeist) genannt. Als letzter Gang wurde die Suppe serviert, in der die zwei in Streifen geschnittenen Schwalbennester schwammen. Ich folgte der chinesischen Sitte, indem ich die Schüssel an den Mund setzte und mit Hilfe eines Stäbchens die Schwalbennesterstücke zum Mund führte. Ich fand sie fad; sie schmeckten wie Fischleim. In Batavia sah ich Chinesen, die sie gebacken und mit Zucker bestreut aßen, und ich glaube, daß sie, auf diese Weise zubereitet, viel besser schmecken. Sowohl auf der Insel Java als auch in China ißt man sie als Stärkungs- und Neutralisierungsmittel gegen die verheerenden Folgen des Opiums.

Abbildung links: Die Große Chinesische Mauer

Die Große Chinesische Mauer

Mein Wunsch, die Große Chinesische Mauer zu sehen, war ebenso groß wie die Furcht vor den Anstrengungen der Reise. Ich entschloß mich daher, die Besichtigung so bald wie möglich hinter mich zu bringen und nach meiner Rückkehr noch acht Tage in Peking zu bleiben. Noch am selben Abend schickte ich Atshon fort, um zwei Karren und ein gesatteltes Pferd für die Reise nach Ku-pa-ku und zurück zu besorgen. Am anderen Tag, dem 2. Mai, um vier Uhr morgens, nahm ich von den Mönchen Abschied und machte mich auf den Weg nach Norden.

Peking ist so riesengroß, daß ich mehr als eine Stunde bis zum Stadttor brauchte. Innerhalb der Stadtmauern könnten zweifellos mehr als sieben Millionen Einwohner leben; ich glaube jedoch nicht, daß es mehr als eine Million sind. Da ich am frühen Morgen durch die Stadt fuhr, brauchte ich die Belästigungen durch die Bettler nicht zu befürchten und konnte also zu meinem großen Vergnügen alles um mich her betrachten. Öfters bemerkte ich in den Straßen Reste des alten Pflasters aus großen weißlichen Granitbrocken. Überall waren Überreste der alten steinernen Kanalisation, zertrümmerte Säulenkapitelle und Gesimse zu sehen, und im Straßenschmutz lagen teils zerstörte, teils völlig erhaltene Skulpturen begraben. Ich sah eine große Zahl herrlicher Brücken aus Granit, die Hälfte aber war derart verfallen, daß man sie nicht benützen konnte und sie umgehen mußte. All das machte augenfällig, daß Peking, gegenwärtig von einer degenerierten und heruntergekommenen Menschenrasse bewohnt, einst von einer großen und schöpferischen Nation bevölkert war und daß es dort prachtvoll gepflasterte Straßen und große Häuser und herrliche Paläste gab, wo heute nur einstöckige, armselige Hütten zu sehen sind an Straßen, in denen eine schreckliche Unsauberkeit herrscht. Und dies sollte einmal eine prunkvolle Hauptstadt gewesen sein? Zweifellos, wie ein Blick auf die ungeheuren Tore und Mauern Pekings beweist. Solche großartigen Bauwerke sind nicht errichtet worden, um eine Stadt, wie man sie heute vor Augen hat, zu schützen. Niemals! Ich setzte meinen Weg fort. Atshon fuhr mit dem Gepäck auf einem der zweirädrigen Karren, und weit davon entfernt, die Stadtmauern Pekings oder die Landschaft zu betrachten, hatte er nichts anderes im Sinn als zu schlafen. Ich selbst war zu Pferd, und der andere Karren folgte, damit ich mich draufsetzen konnte, falls mein Reitpferd mich im Stich ließe, was auch tatsächlich am anderen Tag um die Mittagszeit der Fall war. Das Pferd, vor Müdigkeit erschöpft, begann zu lahmen, so daß ich mich gezwungen sah, es an den Wagen zu binden und mich rittlings auf die Deichsel zu setzen. Ich hatte sehr unter den starken Sonnenstrahlen zu leiden, obwohl ich einen großen arabischen Turban trug.

Es war sechs Uhr abends, als wir endlich in der großen Stadt Ku-pa-ku ankamen, von der man behauptet, sie sei die sauberste in ganz China. Sie liegt direkt an der Grenze zur Mandschurei in einem von hohen Bergen eingeschlossenen Tal. Die Ankunft eines Fremden erregt der Seltenheit wegen Aufsehen. Wenn ein bekleideter Orang-Utan oder Gorilla plötzlich auf den Pariser Boulevards spazierenginge, würde sein Erscheinen nicht weniger Neugier und Erstaunen hervorrufen als meines unter diesen Gebirgsbewohnern. Kaum hatte ich das Stadttor hinter mir, da war ich schon von einer Menschenmenge umringt, die mich bis zur Herberge begleitete und mir sogar in mein Zimmer folgte, das gar nicht alle Leute fassen konnte. Sie stiegen zum Teil durchs Fenster herein und zerrissen die Papierbespannung, um mich anzustaunen. Keiner konnte verstehen, warum ich nicht auf chinesische Art gekleidet war, warum ich die Haare kurz trug und nicht lang und in Zöpfe geflochten, die bis zur Erde reichten. Vielleicht hätte man mir diese Geschmacklosigkeit noch verziehen, als sie aber sahen, daß ich von links nach rechts sonderbare Zeichen schrieb, und zwar mit einem Bleistift oder einer Stahlfeder – die in China völlig unbekannt sind –, und daß ich keine chinesischen Buchstaben mit dem Pinsel von oben nach unten und von rechts nach links malte, war das für sie eine so unerhörte Sache, daß sie sich an diesem Wunder nicht sattsehen konnten. Diese Neugier belästigte mich sehr; aber ich wußte nicht, was ich dagegen tun sollte. Ich hätte wohl fünf oder sechs Leute hinauswerfen und davonjagen können, indem ich ihnen mit meiner erhobenen, ungeladenen Pistole Furcht einflößte, aber 60 oder 70 Eindringlingen gegenüber wagte ich das nicht, denn diese konnten mir am Ende übel mitspielen. Sie hatten Atshon nach dem Zweck meiner Reise gefragt, und der hatte ihnen unglücklicherweise gesagt, ich wolle die Große Mauer besichtigen. Da lachten sie alle aus vollem Halse, weil kein Mensch verstand, wie einer auf den verrückten Einfall kommen konnte, eine so lange und mühsame Reise zu unternehmen, nur um Steine anzusehen.

Ich mußte erkennen, daß es nicht Chinesenart ist, sich auch nur im geringsten anzustrengen, wenn es nicht unbedingt nötig ist. Und als ich einmal in Kanton ein Boot nahm, das mir nachfuhr, während ich im Fluß schwamm, folgte mir sogleich eine große Anzahl Boote voll Neugieriger, die nicht begreifen konnten, daß ich mich, ohne dazu gezwungen zu sein, einer solchen Anstrengung aussetzte, statt in aller Ruhe auf dem Boot sitzen zu bleiben. Die Leute zogen sich gestern abend erst zurück, als ich mich zu Bett legte und die Stearinkerze auslöschte. Völlig erschöpft vor Müdigkeit, schlief ich auf meiner Pritsche sehr gut und erwachte erst um halb sechs Uhr, als Atshon eintrat und mir Tee, Reis und ein paar hartgekochte Eier brachte.

Nach dem Frühstück brach ich mit einem Führer auf, um die Mauer zu besteigen. Viele Menschen folgten mir, sobald ich den Fuß auf die Straße setzte, und sie begleiteten mich sogar bis zum ersten Steilhang. Hier erst siegte die Furcht vor ermüdender Anstrengung über ihre Neugier. Alle blieben zurück, außer Atshon, der mich anstandshalber bis zur ersten gefährlichen Stelle begleitete, wo sich zu beiden Seiten der Mauer der Abgrund auftut. Hier war die Mauer so weit eingestürzt, daß man über den verbliebenen 34 Zentimeter breiten Steingrat nur auf allen vieren hinweggelangen konnte. Da verließ auch Atshon der Mut, und er blieb zurück.

Also setzte ich meinen Weg allein fort. Ich sah, daß die Mauer in einer Entfernung von etwa acht Kilometer über einen sehr hohen Felsen verlief. Den mußte ich ersteigen, koste es, was es wolle! Doch das war keine leichte Sache, da, wie mir schien, der Durchgang durch fünf steile Felsen versperrt war, auf denen die Mauer in einem Winkel von 50, 54, ja sogar bis 60 Grad anstieg. Außerdem war noch ein Felspaß zu überwinden, auf dem die Mauer fast völlig eingestürzt war. Auf beiden Seiten gähnte der Abgrund. Die Außenseite der Mauer, die übrigens durchweg aus großen Steinplatten von 60 bis 66 Zentimeter Länge und Breite besteht, ist überall dort, wo die Abflachung mehr als 30 Grad beträgt, treppenförmig gebaut. Eigenartigerweise blieben an den steil abfallenden Hängen die Brüstungen erhalten, während sie an den übrigen Stellen nicht mehr vorhanden sind. Beim Erklimmen der Steilhänge tat ich gut daran, in der Nähe der Brüstungen zu bleiben und nicht hinter mich zu schauen. Die gefährlichen Grate legte ich mit geschlossenen Augen und auf allen vieren kriechend zurück.

Nur mit größter Kraftanstrengung und Ausdauer gelangte ich endlich auf den Felsen, zu dem mich mein Ehrgeiz trieb. Was für einen Schreck bekam ich aber, als ich erkennen mußte, daß die Mauer in zwei Kilometer Entfernung abermals über ein Felsmassiv verlief, das mindestens 200 Meter höher war als der Fels, auf dem ich gerade stand und der mir die Aussicht nach Westen versperrte! Ich mußte um jeden Preis dorthin gelangen und machte mich tapfer ans Werk. Ich erstieg mehrere kurze Steilhänge und gelangte schließlich an den großen Steilabfall, der mindestens 130 Meter hoch war und unter einem Winkel von 60 Grad anstieg. Die Treppenstufen waren hier kaum drei Zoll breit und mit Gesteinstrümmern bedeckt, so daß das Aufsteigen viel schwieriger war als bei allen vorangegangenen Kletterpartien zusammen. Endlich erreichte ich doch den Gipfel und stieg auf die Plattform des mit Schießscharten ausgestatteten Turmes. Es war Mittag, und ich war schon fünfeinhalb Stunden unterwegs. Doch das Panorama, das sich hier vor meinen Augen ausbreitete, entschädigte mich reichlich für die Anstrengungen meiner weiten Reise und die Mühen des Aufstiegs.

Die Große Mauer ist aus ofengetrockneten und nicht gebrannten Ziegeln erbaut. Sie werden aus einer Mischung aus Schlamm und Reisstroh gemacht und sind 67 Zentimeter lang, 25 Zentimeter breit und 17 Zentimeter dick. An mehreren Stellen, wo die Deckplatten verschwunden sind, sieht man, daß zur Ausfüllung der Mauer Unmengen von Granitbrocken verwendet wurden. Je nach den örtlichen Verhältnissen hat die Mauer eine Höhe von sechseinhalb bis neuneinhalb Meter, die Brüstungen nicht mit eingerechnet, die auch ihre zwei bis zweieinhalb Meter hoch sind. Die Gesamthöhe der Mauer schwankt also zwischen achteinhalb und zwölf Meter, ihre Dicke beträgt am Fuße sechseinhalb bis acht Meter, oben vierdreiviertel bis sechseinhalb Meter.

In einer Höhe von eineinviertel Meter befinden sich in den

Mauerbrüstungen in regelmäßigen Abständen von 2,66 Meter zwei Meter lange Schießscharten, wie es scheint für Kanonen, doch die chinesische Geschichte berichtet uns nichts darüber, daß das Schießpulver hier schon vor Beginn der christlichen Zeitrechnung erfunden worden ist. Zwischen zwei Schießscharten befinden sich immer zwei Löcher von 33 Zentimeter Länge und Breite. In ungleichen Abständen, die nicht weniger als 100 und nicht mehr als 200 Meter zu betragen scheinen, ragen in der Mauer Forts oder zinnenbekrönte Türme auf, die nicht unmittelbar zur Mauer gehören, aber durch Tore mit ihr verbunden sind. Diese Türme sind 13,50 bis 17 Meter hoch und zwölf Meter breit, ihre Fundamente bestehen aus Granitblöcken von eineinhalb Meter Länge, 67 Zentimeter Breite und 60 Zentimeter Dicke, sie sind alle zweistöckig und gewölbt, und man sieht überall Rundbögen, die man in Europa für eine arabische Erfindung des siebten Jahrhunderts nach Christus hält, obwohl diese Mauer schon 220 Jahre vor Christus gebaut wurde. Während ich dies niederschreibe, erinnere ich mich daran, Rundbögen in den Grabmälern Beni-Hassans in Oberägypten, deren Bau auf mehr als 2000 Jahre vor Christus zurückreicht, gesehen zu haben, folglich ist es möglich, daß die Ägypter die Konstruktion von Bögen vor den Chinesen gekannt haben. In jedem der beiden Turmstockwerke befinden sich zwölf 2,30 Meter hohe und ein Meter breite Schießscharten. Man kann in ihnen Löcher erkennen, in denen sich Angeln befunden haben mußten, ein augenscheinliches Zeichen dafür, daß sie durch Fenster geschlossen werden konnten.

Wenn ich meinen Blick von hier oben weit nach Norden richte, sehe ich über den Bergen das Hochplateau der Mandschurei. Unter mir, in einer Tiefe von 900 Meter, bemerke ich ein langgezogenes, enges Tal, durch das sich ein aus dem Norden kommender Fluß windet, der die Reisfelder fruchtbar macht und die schöne Stadt Ku-pa-ku in zwei Stadtteile trennt, von denen der eine auf einer Halbinsel liegt. Sie lenkt einen

Arm des Flusses mit seinem klaren, durchsichtigen Wasser in ein Tal, das sich nach Osten öffnet. Mit dem Fernrohr kann ich das Menschengedränge in den Straßen sehen und Atshon erkennen, der auf der Türschwelle meiner Herberge sitzt. Ich bewundere die schönen Gärten rings um die Stadt, die im frischen Grün des Frühlings leuchten, nur die Obstbäume haben noch nicht ausgeschlagen. Ein Bataillon Soldaten übt sich vor der Stadt im Schießen, und die Donnerschläge hallen mit dreifachem Echo in den Bergen wider. Nichts gleicht der Schönheit der tausend Hügel, die sich unter mir nach Süden hin erstrecken und über denen man einen Blick auf die Ebene von Peking werfen kann. Nichts ist großartiger als der Anblick der unzähligen Felswände, die jenseits des Tales im Osten aufsteigen und von einer ungeheuren Kette zackiger Bergspitzen überragt werden.

Die Große Mauer, die sich von den Bergen ins Tal hinabzieht, teilt sich in drei weitere gleich hohe Mauern. Die mittlere verläuft durch die Stadt, während die beiden anderen die Stadt in weitem Bogen umschließen. Alle drei vereinigen sich wieder auf den Höhen der anderen Talseite zu einer einzigen Mauer, die im Zickzack über die Grate der höchsten Berge verläuft, zuletzt in der gezackten Kette der Felsgipfel verschwindet und sich in den Wolken verliert. Mit dem Fernglas kann ich – die zahlreichen Krümmungen nicht mit eingerechnet – den Verlauf der Mauer 60 Kilometer weit verfolgen. Obwohl weite Strecken meinen Blicken entzogen sind, schätze ich, daß sie sich mehr als 250 Kilometer nach Osten hinzieht. Die Große Mauer überquert im Westen in vielen Windungen eine hohe Bergkette, allerdings vermag ich sie nur auf eine Entfernung von etwa 28 Kilometer zu überschauen, da ein gewaltiges Bergmassiv mich daran hindert, ihren weiteren Verlauf zu verfolgen.

Ich habe prachtvolle Ausblicke gehabt, von der Spitze der Vulkane auf der Insel Java und den Gipfeln der Sierra Nevada in Kalifornien, von den Bergriesen des Himalaja in Indien und den

Hochplateaus der südamerikanischen Kordilleren, jedoch läßt sich nichts mit dem herrlichen Panorama vergleichen, das sich hier vor meinen Augen ausbreitet.

Höchst erstaunt und bestürzt, voll Bewunderung und Begeisterung konnte ich es kaum fassen, so viel Wunderbares zu sehen. Diese Große Chinesische Mauer – seit meiner frühesten Kindheit hatte ich den Erzählungen über sie nicht zuhören können, ohne die lebhafteste Neugier zu empfinden –, jetzt sah ich sie vor mir, hundertmal grandioser, als ich sie mir vorgestellt hatte. Und je länger ich diese ungeheure Grenzbefestigung mit ihren furchterregenden Türmen und Schießscharten, diese über die höchsten Grate der Berge führende Mauer, betrachtete, desto mehr erschien sie mir als das fantastische Werk vorzeitlicher Riesen. Ich wußte aus der Geschichte, daß diese Mauer ungefähr 220 Jahre vor unserer Zeitrechnung gebaut worden war, konnte aber nicht begreifen, wie die Hände Sterblicher dies vermocht hatten, wie Menschen auf diese riesigen Felsengebirge Bausteine, Granitblöcke und Milliarden von Ziegeln, die nur in den Tälern hergestellt werden konnten, hinauftransportieren und diese dort aufeinanderfügen konnten. Offensichtlich hat man mit dem Bau der Mauer vom Tal her begonnen und dann das Material auf den jeweils fertiggebauten Mauerteilen transportiert.

Ich fragte mich, war es wirklich notwendig, daß diese damalige Gigantengeneration eine derart ungeheure Barriere mitten durch das zerklüftete Gebirge errichtete, und waren nicht die Leiber dieser herkulischen Rasse die stärkste Mauer gegen eindringende Feinde aus dem Norden?

Wenn man es aber für notwendig hielt, diese Mauer zu bauen, wo kamen dann die Millionen Arbeiter her, die zur Herstellung der Ziegel und des Mörtels, für das Behauen der Granitblöcke und den Transport des Materials auf die schroffen Berge gebraucht wurden? Und wie konnten derart viele Soldaten zur Verfügung gestellt werden, um die 20 000 Wachtürme dieser Mauer ausreichend zu besetzen, einer Mauer, die, wenn man alle Windungen mitrechnet, 3200 Kilometer lang ist? Darüber hinaus muß noch bedacht werden, daß sie nicht nur einfach verläuft wie in den Bergen, sondern dreifach wie in diesem Tal; ebenfalls dreifach gebaut war sie in allen Engpässen, die von Natur aus schwierig zu verteidigen waren.

Die Große Mauer ist seit Jahrhunderten vernachlässigt und verlassen, und an Stelle von Besatzungssoldaten hausen in den Schießscharten der Türme friedliche Tauben, die hier ihre Nester gebaut haben. Die Mauer wimmelt von harmlosen Eidechsen und ist bedeckt mit gelben und violetten Blumen, die den Frühling ankündigen. Sie ist ohne Frage das größte Bauwerk, das je von Menschenhand gebaut wurde; sie ist das Grabmal einer großen Vergangenheit, und auf dem Grund der Schluchten, die sie durchquert und in den Wolken, die sie durchdringt, protestiert sie schweigend gegen die Korruption und Demoralisation, die die Schuld tragen am gegenwärtigen Niedergang des chinesischen Reiches.

Ich wäre gerne bis zum Abend auf dem Turm geblieben, denn ich konnte meine Augen von diesem großartigen Panorama nicht losreißen, aber die Sonne brannte, und schrecklicher Durst zwang mich schließlich, diese unwirtliche Gegend zu verlassen. Ich kletterte den sechsten und den fünften großen Abhang rückwärts hinunter, indem ich mich auf die Hände abstützte und erreichte endlich über einen vielfach gewundenen Pfad den Fuß des Gebirges. An mehreren Stellen war dieser Pfad derart steil, daß ich auf dem Bauch hinunterrutschen mußte. Trotzdem gelang es mir, nicht nur mein Fernrohr, sondern auch einen mächtigen, 67 Zentimeter langen Ziegelstein heil herabzubringen, indem ich mir die beiden Gegenstände auf den Rücken band.

Unten angekommen, steckte ich das Fernrohr in die Gürteltasche und nahm den Ziegelstein unter den Arm. Kaum hatte ich aber die Stadt wieder betreten, sah ich mich von neuem von einer Menschenmenge umringt, Frauen und Straßenjungen, die mit dem Finger auf den Ziegelstein zeigten und mir durch ihre Zurufe deutlich zu erkennen gaben, daß sie mich für verrückt hielten, weil ich mich damit abmühte, einen 50 Pfund schweren wertlosen Stein mit mir zu tragen. Ich sagte nur ein Wort: »Schuaiat!« (Wasser) und gab durch Zeichen zu verstehen, daß ich fast umkam vor Durst. Man beeilte sich, mir in einer Korbflasche frisches Wasser zu bringen, nahm jedoch dafür keine Bezahlung an. In ganz China war mir bisher kein solches Beispiel von Freigebigkeit widerfahren. Dazu muß ich sagen, daß die Einwohner dieser Stadt wegen ihrer Liebenswürdigkeit bekannt sind, obgleich ihre Neugier diejenige der anderen Chinesen weit übertrifft.

Diese Gebirgsbewohner scheinen wohlhabend zu sein, denn seltsamerweise sieht man in der ganzen Stadt keinen einzigen Bettler. Das scheint ihr den guten Ruf eingetragen zu haben, die sauberste Stadt Chinas zu sein. Trotz des einfachen Stoffs, aus dem die Kleider der Leute gefertigt sind, entbehren sie, dank ihrer Sauberkeit, nicht einer gewissen Eleganz. Wie übrigens überall in China scheinen die Frauen nur was ihre kleinen verstümmelten Füße betrifft kokett zu sein. Der Sittenverfall hat die Gebirgsbevölkerung noch nicht erfaßt. Männer, Frauen und Kinder sind gesund und stark, und ihre frischen roten Wangen bezeugen jedenfalls die Zuträglichkeit des Klimas und die Enthaltsamkeit vom Opium. Die Leidenschaft für dieses Gift ist in den südlichen Provinzen allgemein verbreitet; man sieht dort nur fahle, ausdruckslose Gesichter; sie nimmt aber immer mehr ab, je weiter man nach Norden kommt, und schon in Tientsin und in Peking kann man die Verwüstungen, die dieses Narkotikum anrichtet, nur bei einem kleinen Teil der Bevölkerung beobachten.

Die Herberge, in der ich diese Zeilen schreibe, ist gut, das heißt gut für eine chinesische Herberge. Wie alle anderen Häuser hat sie nur ein Stockwerk, zwei große Eingänge und keine Fenster zur Straße. Über jeder Tür befindet sich ein riesiges, in den lebhaftesten Farben gemaltes Bild einer der Hauptgottheiten. Die gleichen Bilder findet man über allen anderen Türen innerhalb des Hauses. Der Hauptteil des Gebäudes liegt zur Straße hin und enthält die Küche und den Speiseraum für die Kutscher und die Reisenden, die der niedrigen Klasse angehören. Dann kommt der Hof, in dem sich auf der rechten und linken Seite die Wagenremisen befinden; hier und da sieht man Futterkrippen für die Tiere. Am hinteren Ende des Hofes steht ein zweites Gebäude mit einer Dreizimmerwohnung und zwei kleineren Wohnungen. Jedes Zimmer ist vier mal vier Meter groß; eine steinerne, mit großen Fliesen bedeckte Schlafstelle nimmt die Hälfte des Raumes ein. Die Möblierung eines jeden Zimmers besteht aus einem Tisch und zwei Schemeln. Auch auf dem Schlafpodest steht ein etwa 33 Zentimeter hoher Tisch für die chinesischen Gäste, die halb liegend ihre Mahlzeiten einzunehmen pflegen. Sie gebrauchen ihn auch beim Opiumrauchen, um die kleinen Laternen und andere zur Vorbereitung der Rauchzeremonie notwendigen Gerätschaften daraufzustellen.

China ist das Land der Wirbelwinde, die man Taifune nennt. Am Abend meiner Ankunft in Peking sah der Torhüter der englischen Gesandtschaft, daß der plötzlich anstürmende Taifun einen vor die Tür gespannten und an großen Steinen befestigten Schiebevorhang wegriß. Er hing sich an den Vorhang, um ihn festzuhalten; der Wind war aber so stark, daß er Torhüter, Vorhang und Steine mit sich nahm und über das Haus hinwegtrug. Vor Schreck ließ der Mann das Tuch los, er stürzte zur Erde und brach sich zweimal den Oberschenkel.

Schanghai

Während meines Aufenthaltes in Ku-pa-ku an der mandschurischen Grenze hatte ich kaum Zeit, Aufzeichnungen zu machen. Ich kehrte von dort nach Peking zurück, wo ich mich noch einige Tage aufhielt. Da mir allmählich die zweirädrigen chinesischen Karren verleidet waren, mietete ich eine große Barke, auf der ich den Peiho hinunter bis Tientsin fuhr. Der Arbeitslohn ist in China derart niedrig, daß ich das Boot zum geringen Preis von drei Piastern (18 Francs) bekam, obgleich es 40 Tonnen hatte und von acht Mann Besatzung vorwärtsbewegt wurde. Wenn ich auch in dem Karren während der Reise viel auszustehen gehabt hatte, an Bord dieser Barke hatte ich noch viel mehr zu ertragen, weil es andauernd in Strömen regnete, so daß ich die ganze Zeit in der Kabine zubringen mußte, die nur zwei Quadratmeter groß und 1,30 Meter hoch war. Tisch und Stühle gab es nicht, so daß ich mich weder stehend noch sitzend darin aufhalten konnte. Fenster waren auch nicht vorhanden, die Decke bestand aus einem Schiebefenster aus Papier, das ausreichend Licht eingelassen hätte, des wolkenbruchartigen Dauerregens wegen aber mit einer Art Schiebeladen verschlossen werden mußte. Was die ganze Sache noch schlimmer machte, war, daß wir ständig Gegenwind hatten, so daß die Matrosen das Boot mühsam am Seil treideln mußten, und es volle drei Tage dauerte, bis ich endlich in Tientsin ankam. Von hier aus fuhr ich mit dem Dampfer »Yesso« nach Schanghai. Die »Yesso« war ein großes und prächtiges Dampfboot, das der M. M. Dent & Cie. in Hongkong gehörte. Die Gesellschaft hatte es offenbar nur als Frachtschiff gebaut, denn, obwohl man die Kabinen leicht für vier Personen hätte einrichten können, hatten diese nur ein Bett. Der Fahrpreis betrug 80 Tael (720 Francs), Verpflegung inbegriffen. Das Essen und der Wein waren ausgezeichnet und schmeckten bei weitem besser als das, was ich seit meiner Abreise von Europa genossen hatte. Der Kapitän, Robert Hannah Cairns, behandelte seine Passagiere mit größter Rücksichtnahme und Liebenswürdigkeit und war unermüdlich in der Erfüllung seiner Pflichten. Das Dampfboot machte gute Fahrt, so daß wir die Strecke von Tientsin nach Schanghai in weniger als zweieinhalb Tagen zurücklegten, während das Dampfschiff »Yün-tse-fei« der Reederei M. M. Trautmann & Cie., mit dem ich von Schanghai nach Tientsin gekommen war, zur Überfahrt fünf Tage benötigt hatte.

Was den Fahrpreis an Bord der Dampfboote im Fernen Osten so teuer macht, ist hauptsächlich die enorme Summe, die man für die englische Steinkohle in Schanghai bezahlen muß (125 Francs pro Tonne); in England bekommt man die Tonne für zehn Shilling (12,50 Francs). Steinkohle ist übrigens in China reichlich vorhanden; in der Gegend von Peking gibt es sogar Kohlelager von ausgezeichneter Qualität. Wenn man sie mit Hilfe von Dampfmaschinen fördern würde, könnte man sie für weniger als zehn Shilling (12,50 Francs) pro Tonne nach Peking liefern. Doch die Chinesen, die eine große Abneigung gegen alle Neuerungen haben, besonders aber gegen die Dampfmaschinen, fördern ihre Kohle von Hand zutage. Trotz der niedrigen Arbeitslöhne sind jedoch die Förderkosten so hoch, daß man die Kohle nicht unter 200 Francs pro Tonne nach Peking verkaufen kann. So kommt es, daß in Peking, mitten im Zentrum der reichsten Kohlenlager der Welt, die chinesische Kohle mit der englischen nicht konkurrieren kann, obwohl die letztere 18 000 Meilen weit von England bis nach Tientsin und von dort mit Pferdekarren oder auf dem Peiho bis nach Peking befördert werden muß.

Die chinesische Regierung glaubt, sie könne ihre 400 Millionen Einwohner besser beherrschen, wenn sie sich jedem Versuch widersetze, der dazu beitragen könnte, die Intelligenz der Bevölkerung zu heben. Sie schürt den allgemeinen Haß gegen Neuerungen, indem sie dem Volk erklärt, die Einführung von Dampfmaschinen würde die Arbeiterklasse ihrer Lebensgrundlage berauben. Es kann aber sein, daß übergroße Verarmung die Regierung früher oder später zwingen wird, den Blick auf den Reichtum der Kohlevorkommen zu richten und die Förderung mit Hilfe von Dampfmaschinen zu betreiben. Auf jeden Fall werden noch einige Generationen vergehen, bis man die Pfiffe der Lokomotiven im Tal von Peking hören wird. Denn neben dem Widerstand der Regierung und der in China sich ausbreitenden allgemeinen Volksmeinung, die Eisenbahnen würden die Flußschiffahrt vollständig zum Erliegen bringen und der Untergang der Arbeiterklasse sein, gibt es auch noch die von alters her geübte Verehrung der Ahnen, die dem Bau von Eisenbahnen eine unüberwindliche Schranke entgegenstellt. Nur die Städte haben einen allgemeinen Friedhof, die Dörfer dagegen keinen. Jeder Bauer bestattet die Toten seiner Familie auf seinem eigenen Feld und errichtet ihnen statt Grabsteinen kegelförmige Erdhügel, deren Größe der Achtung entspricht, die man dem Toten und dem Gedenken an ihn entgegenbringt.

Aus diesem Grund sieht man kein Stück Land ohne einen oder mehrere dieser Privatfriedhöfe, wo man an der Größe der Erdhügel leicht erkennen kann, welchen Rang die Verstorbenen in der patriarchalischen Ordnung der Familie einst eingenommen haben. Diese Grabstätten, in China »Grabhügel der Vorfahren« genannt, sind heilig, und sie zu zerstören wäre ein Frevel, der mit dem Tod bestraft werden würde. Wie groß auch die Entartung und der Verfall in China sein mögen, man versäumt niemals, die für die »Grabhügel der Vorfahren« vorgeschriebenen Riten zu beachten. Zweimal im Jahr, am Fest der Toten im April und im Oktober, säubert man sorgfältig die Hügel und bringt sie wieder in Ordnung. Man legt auf ihnen Gaben nieder und bringt Brandopfer dar, wie es der Volksbrauch verlangt. Man schenkt auf diesen Festen den Abgeschiedenen Geld und Kleider zum Gebrauch im Reich der Geister, doch in weiser Sparsamkeit wird stellvertretend dafür immer weißes Papier, auf dem diese Dinge aufgezeichnet sind, verbrannt. Während ich im vergangenen April durch China reiste, traf ich überall auf Zeichen und Zeugnisse dieser Totenverehrung. Da es auf jedem Ackerfeld diese Hügel gibt, kann man wohl verstehen, daß es ganz unmöglich wäre, eine Eisenbahn zu bauen, die nicht, welche Kurven man sie auch nehmen ließe, die Ruhe der Vorfahren stören und gegen die heiligen Bräuche des Volkes verstoßen würde. Allein aus diesem Grund würde tatsächlich jeder Versuch, in China Eisenbahnlinien zu bauen, unweigerlich eine allgemeine Revolution zur Folge haben.

Der Hafen von Schanghai wurde 1846 geöffnet. Er ist der bedeutendste der vertraglich ausgehandelten Häfen und der große Umschlagplatz für Seide und Tee, deren Ausfuhr den Wert von mehr als 100 Millionen Francs im Jahr übersteigt.

Die Stadt liegt ungefähr 25 englische Meilen von der Mündung des Wusung-Flusses und 43 Meilen vom großen Jang-tse-kiang entfernt. Der Wusung ist für die größten Seeschiffe befahrbar, so daß Schanghai alle Vorteile eines Meerhafens genießt und die Verbindung zwischen Europa und weiten Teilen des chinesischen Reiches herstellt. Das Leben ist aber hier nicht gerade angenehm. Man kann in dem Fluß nicht baden, ohne sich der Gefahr auszusetzen zu ertrinken, weil im Wusung wegen des starken Wechsels von Ebbe und Flut beständig entgegengesetzte Strömungen herrschen. Es ist noch nie vorgekommen, daß ein ins Meer gefallener Matrose wieder aufgetaucht wäre. Zum andern ist das Wasser ungekocht voll-

Altchinesische Geschäftsstraße
(nach einem Aquarell, Anfang 19. Jahrhundert)

Straßenszene im alten China
mit »fliegender Garküche« (links), öffentlichem Schreiber (Mitte)
und Barbier

kommen ungenießbar, wenn man es nicht mit Cognac vermischt, dessen ständiger Genuß den Körper schwächt. Außerdem ist das Klima sehr ungesund, denn die Stadt ist rings von Sümpfen umgeben, deren Ausdünstungen die Luft verpesten und die Ausbreitung von Cholera, bösartigem Fieber, Ruhr und Pocken begünstigen. Wehe dem, der von einer der beiden letztgenannten Krankheiten befallen wird – er kommt selten mit dem Leben davon.

Am 28. Mai um viertel nach elf Uhr abends besuchte ich in Begleitung von Mister Michel, dem Besitzer des Kolonialhotels, in dem ich wohnte, das große chinesische Theater in Schanghai. Wir mußten jeder einen Piaster Eintritt und eineinhalb Piaster für die drei Diener bezahlen, die wir mitgenommen hatten. Die Vorführung beginnt um halb zwölf Uhr und endet nicht vor halb sechs oder sechs Uhr morgens.

Der große Saal, 27 Meter breit und 30 Meter lang, war mit etwa 60 Laternen aus Horn oder Glas beleuchtet; außerdem brannten noch etwa 20 Kandelaber mit Talgkerzen. Die großen roten Kerzen waren zwei Zoll hoch und brannten so schnell ab, daß sie binnen kurzem nur noch halb so groß waren. Rings an jeder Laterne hingen sechs 75 Zentimeter lange Quasten aus roter Seide. Im Parterre standen sechs Tische mit jeweils zehn Stühlen, dann folgte auf jeder Seite eine Reihe mit zwölf Lehnstühlen und zwei Galerien mit jeweils 36 Stühlen. Im Hintergrund des Saales standen zwei Stuhlreihen mit je 44 Sitzplätzen und hinter diesen Bänke und Kanapees für 22 Personen. Hinzu kam noch eine Galerie mit 22 Bänken und Kanapees für Opiumraucher. Das Theater konnte also 320 Zuschauer aufnehmen. Die Zuschauer trafen nur allmählich ein, und der Saal war erst gegen ein Uhr morgens gefüllt.

Im Eintrittspreis sind stets Speisen und Getränke mit enthalten. Sobald wir Platz genommen hatten, stellten Kellner vor uns auf den Tisch Schalen mit grünem Tee, über den sie heißes Wasser gossen, tulpenförmige Gläser mit Santsiu (Reisbranntwein), Bibus (kleine apfelförmige gelbe Früchte), Badschis (Erdkastanien, schneeweiß mit schwarzer Rinde, die man roh ißt), kleine Biskuits in der Größe eines Zwei-Sous-Stückes, Kandiszucker, Melonenkerne und Kuchen. Jede Viertelstunde verteilten Diener in warmes Wasser getauchte Leinenhandtücher unter die Zuschauer, damit sie sich Gesicht und Hände vom Schweiß trocknen konnten; einige Minuten später kamen sie wieder, um die Tücher einzusammeln. Jede Viertelstunde gingen Diener mit einem Teekessel herum, um die Tassen der Zuschauer rasch wieder nachzufüllen. Auch die Gläser mit Santsiu, die Schalen mit Bibus, Badschis, Biskuits, Melonenkernen und Kuchen füllten sie wieder auf, je nachdem wieviel der Gast davon verzehrt hatte. Es gab keinen Grund, sich über das Theater zu beklagen, weder über den Mangel an Handtüchern, um sich das Gesicht zu erfrischen, noch über fehlende Getränke und zu wenig Eßwaren.

Anfangs waren keine Frauen unter den Zuschauern, aber ab Mitternacht bis ein Uhr morgens erschienen nach und nach etwa 30 Mädchen in Alter von 12 bis 16 Jahren, die beim Gehen derart schwankten, daß sie von den »Mamans cooli« – so nennt man in China die alten Mägde, die ihre Herrinnen massieren und ihnen als Friseusinnen und Begleiterinnen dienen – gestützt werden mußten. Offensichtlich schwankten sie so stark, um glauben zu machen, ihre Füße seien von wunderbarer Kleinheit, und offenbar waren sie auch nur ins Theater gekommen, um ihre Reize zu zeigen. Alle waren in teure Gewänder gehüllt; die einen trugen die Haare in langen, mit roten Bändern geschmückten Zöpfen, die bis zu den Knöcheln reichten; die anderen trugen sie nach Art der verheirateten Frauen in Schiffsform, mit Verzierungen aller Art geschmückt. Es gab keine Anschlagzettel und Programme; ein Mann, der zur Komödiantentruppe zu gehören schien, legte jedem Zuschauer eine 90 Zentimeter lange und 14 Zentimeter breite Tafel aus Elfenbein vor, auf der in Pinselschrift zu lesen stand, welche Theaterstücke im Laufe der Nacht zur Aufführung kommen sollten. Gleichzeitig zeigte er ein Buch mit 150 blauseidenen Blättern, auf denen 300 Stücke verzeichnet waren, die die Schauspieler beherrschten. Jeder Zuschauer hatte für eine zusätzliche Zahlung von einem Piaster das Recht, die Darbietung auszuwählen, die er sich an Stelle eines der auf den Elfenbeintafeln angekündigten Stücke wünschte. Tatsächlich fanden sich innerhalb weniger Minuten acht chinesische Kaufleute mit langen Haarzöpfen, die für acht Piaster acht Stücke des Programms gegen sechs Lustspiele und zwei Dramen nach ihrer Wahl austauschen ließen.

Es waren Burlesken in Versform aus dem heroischen Zeitalter, und sie wurden bewundernswert gespielt. Ich persönlich glaube, daß außer den Japanern kein anderes Volk so ausgezeichnet Possen zu spielen versteht wie die Chinesen. Zweifellos tragen die herrlichen, goldbestickten seidenen Kostüme, in denen die chinesischen Schauspieler sogar in den kleinsten Stücken auftreten, wesentlich dazu bei, daß die Darbietungen so großen Beifall finden. Was aber die gleiche Bewunderung verdient, ist das vortreffliche Gedächtnis der Schauspieler, das sie befähigt, Hunderte von Stücken ohne jede Vorbereitung und ohne Hilfe eines Regisseurs und Souffleurs zu spielen, Hilfestellungen, auf die europäische Schauspieler nicht verzichten können, die jedoch in China völlig unbekannt sind.

Sowohl die Inszenierung als auch die Kostüme gefielen mir hier viel besser als in Peking, wo übrigens die allzu große Unsauberkeit des Saales die Aufführung ein wenig beeinträchtigte. Die dramatischen Stücke wurden mit Gesang und Musik aufgeführt, und sie riefen allerseits Beifallsstürme hervor. Ich weiß aber nicht, ob es der Gesang oder die Musik waren, die diese Begeisterung beim Publikum auslösten. Auf jeden Fall muß ich erwähnen, daß die Art des Gesangs wie die der Musik mich erneut davon überzeugten, daß das chinesische Volk keine Spur von Harmonie- und Melodiegefühl besitzt. Das Orchester, das sich aus einem Gong (einem Instrument in Form einer riesigen Kupferplatte), einer Art Geige, einer Flöte, einer Trommel und einem aus einer Unmasse kleiner Bambusrohre bestehenden Instrument zusammensetzt, machte einen Lärm, der jeder Beschreibung spottete. Dennoch gilt diese Musik in China als Kunst, und es gibt Meister ihres Faches, die mit gleicher Hingabe und gleichem Eifer, wie dies in der zivilisierten Welt geschieht, diese Kunst studieren und – wie viele ihrer berühmten Kollegen in Europa versuchen, durch Dissonanz und Lautstärke zu ersetzen, was ihnen an Musikalität und Gefühl für Melodie fehlt.

In China sind die Segel der Dschunken stets aus Bambusmatten gearbeitet, die oft eine Länge von 24, ja sogar 25 Meter haben. Man kann sie leicht vergrößern oder verkleinern, weil eine Menge horizontaler Bambusstangen in Abständen von 40 Zentimeter über die ganze Segelbreite angebracht ist. Jede Dschunke ist mit 6 bis 14 Kanonen ausgestattet, ja man kann häufig solche mit 20 Kanonen beobachten. Die Dschunken sind ausreichend bemannt, und die Besatzung ist jederzeit bereit, Raubzüge zu unternehmen, sobald sich eine Gelegenheit dazu bietet. Sie sind im allgemeinen mit einer furchtbaren Waffe, die man »Stinkpot« nennt, ausgerüstet. Sie ist aus gebranntem Ton, hat die Form eines Kruges und ist mit Brandraketen und Material gefüllt, die derart stinken, daß bei ihrer Explosion alle, die sich gerade in der Nähe aufhalten, ersticken. Die Piraten versuchen daher immer, ehe sie ein Schiff angreifen, einen dieser Stinktöpfe durch ein Fenster in die Kajüte zu werfen, um sich auf einen Schlag alle vom Hals zu halten, die sich auf dem Schiff befinden könnten. Kommt die Besatzung nicht heraus, schleudern sie die Töpfe von den Masten ihrer Dschunken auf das Deck des entsprechenden Schiffes, ehe sie sich in ein Handgemenge einlassen.

Eine solche Piratendschunke hatte am Vorabend meiner Abreise von Hongkong auf diese Weise eine dänische Brigg bei ihrer Ausfahrt aus dem Hafen, zwölf Kilometer von der Stadt entfernt, gekapert. Nachdem die Piraten den Kapitän getötet, den ersten Offizier tödlich verwundet und den Rest der Besatzung gefesselt hatten, schafften sie ungefähr 1500 Säcke Reis auf ihre Dschunke, bohrten sodann Löcher in den Rumpf der Brigg und warfen die gefesselten Matrosen in den untersten Schiffsraum, damit diese mit dem Schiff untergehen sollten. Aber sobald die Piraten weg waren, gelang es jedoch den Matrosen, sich von ihren Fesseln zu befreien, die Löcher zu verstopfen und die Brigg in den Hafen von Hongkong zu schaffen.

Ich bedaure sagen zu müssen, daß die am meisten gefürchteten Piratendschunken von Europäern befehligt werden, deren Kühnheit keine Grenzen kennt. Vor einigen Monaten zum Beispiel griffen zwei stark besetzte und von Europäern befehligte chinesische Dschunken um drei Uhr morgens sogar im Hafen von Hongkong ein großes spanisches Schiff an, das Güter für Manila an Bord hatte und mitten zwischen englischen Schiffen lag. In einem einzigen Augenblick stürmten mehr als 200 Piraten auf das Deck des spanischen Schiffes, dessen Besatzung nur aus 20 Mann bestand. Dank ihrer außerordentlichen Geschicklichkeit im Handhaben von Dolchen gelang es diesen aber, 17 Piraten zu töten und eineinhalb Stunden lang einen so ungleichen Kampf zu bestehen. Auf allen Schiffen, die in der Nähe waren, hörte man die Hilferufe der Spanier; man verstand jedoch ihre Sprache nicht und meinte, sie stritten sich untereinander. Niemand konnte glauben, daß die Piraten die Dreistigkeit besäßen, im Hafen und inmitten von Schiffen und Kanonenbooten ein Schiff zu überfallen. Daher kam man den Spaniern auch nicht zu Hilfe. Beim Morgengrauen entflohen die Piraten, ohne ihr Ziel erreicht und ohne größeres Unheil angerichtet zu haben. Nur ein Matrose war verwundet. Man kann immer damit rechnen, daß unter zehn Schiffen, die aus dem Hafen von Hongkong auslaufen und verlorengehen, neun von Piraten ausgeplündert und versenkt werden.

Japan

Yedo (Jeddo, Tokio), 28. Juni 1865

Überfahrt nach Japan

Für die Überfahrt von Schanghai nach Yokohama in Japan nahm ich das Dampfboot »Peking«, das der Dampfschiffahrtsgesellschaft Peninsulaire et Orientale gehört, und ich mußte für die Fahrtstrecke, die ein Dampfschiff leicht in drei Tagen zurücklegt, 100 Tael (900 Francs) bezahlen.

Nach einer sehr angenehmen Reise kam am 1. Juni um sechs Uhr morgens die erste kleine Felseninsel Japans in Sicht. Ich begrüßte sie mit lebhafter Freude, denn alle Reisenden hatten mit solcher Begeisterung von diesem Lande erzählt, daß ich darauf brannte, es zu besuchen. Um zehn Uhr fuhren wir ganz nahe an der Vulkaninsel Ivogasima vorüber. Der 833 Meter hohe Vulkan war in voller Tätigkeit. Dichter Rauch stieg aus dem Krater des höchsten Kegels empor, während aus einem zweiten Krater, der sich an der Ostflanke gebildet hatte, ein breiter, glühender Lavastrom herabfloß und sich etwa vier Kilometer von uns entfernt ins Meer ergoß, das weit hinaus kochend aufschäumte. Die Eruptionen waren begleitet von einem dumpfen, unterirdischen Grollen, das fernem Donnerrollen glich. Das Rauschen der Schaufelräder unseres Dampfbootes verscheuchte immer wieder die zahlreichen Fliegenden Fische, die fortwährend aus dem Meer emporschossen, 200 bis 600 Meter weit flogen und dann wieder ins Wasser zurückfielen. Von weitem gesehen gleichen sie Wasservögeln. Ab und zu fielen einige sogar aufs Bootsdeck. Sie wurden sofort von unseren Matrosen gefangen, denn die Fische sind doppelt so groß wie die holländischen Heringe und schmecken ausgezeichnet. Sie werden in China und Japan viel gegessen.

Um sieben Uhr abends fuhren wir an der herrlichen Insel Kiushu entlang, deren bergiger Strand mit einer üppigen Vegetation tropischer Bäume bedeckt ist.

Die Mannschaft unseres Dampfbootes setzte sich aus Chinesen, Malaien, Hindus aus der Gegend von Bombay, Eingeborenen aus Manila, Engländern, Arabern und afrikanischen Negern aus Sansibar zusammen. Die letzteren waren ausschließlich als Heizer eingesetzt, denn unter der glühenden Sonne Zentralafrikas geboren, können sie die große Hitze von 65,5 Grad in den engen Gängen zwischen den Öfen stundenlang ertragen. Es waren 18 Passagiere der Ersten Klasse an Bord, die aus fast allen europäischen Ländern kamen.

Am 3. Juni gegen zehn Uhr vormittags sahen wir in einer Entfernung von ungefähr 150 englischen Meilen den berühmten Vulkan Fudschijama, der 4725 Meter hoch ist und dessen mit ewigem Schnee bedeckter Gipfel sich bis über die Wolken erhebt. Er ist der heilige Berg der Japaner, die von überall her zu ihm wallfahren. Wir konnten den Vulkan um so besser betrachten, je mehr wir uns der Stadt Yokohama näherten, von der er nur 80 Meilen entfernt liegt. Um vier Uhr fuhren wir zwischen dem Kap Suvaki und dem Kap Sagami in den weiten Golf von Yedo (Tokio) ein, der 34 Meilen lang ist. Um zehn Uhr abends warfen wir auf der Reede von Yokohama Anker.

Am anderen Morgen stand ich früh auf, um mich an Land zu begeben. Schon beim Gang durch den Hafen konnte ich mich leicht überzeugen, daß ich nicht mehr in China war. Denn dort umringt eine Unzahl schmutziger kleiner Boote, die mit Ölfarbe gestrichen sind und zwei große aufgemalte Augen, die Unheil abwenden sollen, am Bug haben, jedes neu ankommende Schiff. Die Ruder dieser Boote werden von zwei Frauen, die Kleinkinder in einer Art Sack auf dem Rücken tragen, bedient oder von einem Mann mit bis zu den Knöcheln reichendem Zopf und einer Frau mit einem Kind. Hier in Japan sahen wir nur eine Barke mit zwei kräftigen Japanern an den Rudern. Als einziges Kleidungsstück trugen sie einen sehr langen Leibgurt, der kaum ihre Absicht, sich zu bekleiden, andeutete. Vom Hals bis zu den Knien war der ganze Körper mit roten und blauen Drachen, Tigern, Löwen, männlichen und weiblichen Götterbildern tätowiert, so daß man über diese Leute das sagen konnte, was Julius Caesar von den Bretonen berichtet: »Wenn sie auch nicht bekleidet sind, so sind sie wenigstens gut angemalt.« Ihre Frisur unterschied sich ebenfalls sehr von derjenigen ihrer Nachbarn aus dem »Himmlischen Reich«, denn sie hatten den Kopf von der Stirne bis zum Scheitel drei Zoll breit rasiert. Das restliche Haar war reichlich pomadisiert, aber nicht geflochten; es war mit einem weißen Band zusammengehalten, zweieinhalb Zoll nach hinten und dann wieder zurückgebogen und mit demselben Band oben auf dem Kopf befestigt, so daß sich der schlauchartige Haarzopf mitten auf der rasierten Stelle befand und ein Zoll über der Stirn endete. Das ist die Haartracht des armen Schiffers, Gepäckträgers und des reichsten Daimio (japanischer Feudalherr); es gibt keine andere Männerfrisur in Japan. Seltsamerweise streichen die Japaner weder ihre Barken noch ihre Schiffe an. Im Gegensatz zu den in allen Ländern der Welt gemachten Erfahrungen behaupten sie, die Schiffe hielten länger, wenn man sie nicht anstreichen würde. Es fehlen an ihren Booten auch die beiden großen Augen, die die Chinesen stets vorn auf ihre Boote, die Dschunken, malen. Ich ging mit meinem Gepäck an Bord eines Bootes, auf dem zwei Männer die sehr langen Ruder, die über kleinen Zapfen justiert und am Ende der Querbalken angebracht waren, bedienten. Die Ruder waren außerdem mit Stricken am Schiffsboden festgemacht. Die Schiffer stachen mit den Ruderblättern hinter dem Bootsende ein, so daß sie kein Seitenruder benötigten.

Als wir an der Mole anlegten, erhoben sie vier Finger und sagten »Tempo!«, was besagen sollte, daß ich vier Tempo (13 Sous) zu zahlen hatte. Ich war erstaunt, daß sie sich genau an die vorgeschriebenen Preise hielten; denn in China war ich es gewohnt, daß die Schiffer mindestens das Vierfache forderten und daß ihre Unzufriedenheit und ihre Proteste, die zu ihrem Geschäft gehörten, berücksichtigt wurden.

Kaum war ich an Land, eilten zwei Kulis herbei, die meine Koffer an zwei Bambusstangen befestigen und weiterbefördern wollten. Aber als ich mir die beiden näher ansah, bemerkte ich an den vielen Wunden, mit denen ihr Körper und teilweise auch ihre Hände und Beine bedeckt waren, daß sie im höchsten Grad die Krätze hatten. Ich trieb sie fort, suchte aber vergebens nach zwei anderen, die noch nicht von Hautkrankheiten befallen waren. Auf der Mole befand sich eine Menge Kulis, aber alle hatten ein Hautleiden. Es dauerte eine halbe Stunde, bis ich endlich zwei gesunde Männer fand, die mein Gepäck zum Zoll trugen. Es war zwar Sonntag, die Zollstelle aber geöffnet, denn die Japaner kennen diesen Feiertag nicht. Zwei Zollbeamte empfingen mich mit freundlichem Lächeln. »Ohayo!« (Guten Tag) sagten sie, indem sie sich fast bis zur Erde verneigten und eine halbe Minute in dieser Stellung verblieben. Durch Zeichen baten sie mich, meine Koffer zu öffnen. Da Gepäckkontrolle eine sehr umständliche Angelegenheit ist, bot ich den beiden je einen Itzebu (2,50 Francs) an, wenn sie auf die Kontrolle verzichten würden. Zu meinem Erstaunen weigerten sie sich, Geld anzunehmen, schlugen sich an die Brust und sagten: »Nippon Musko!« (Japanischer Mann); das soll ausdrücken, daß ein Japaner es für unter seiner Würde hält, eines Trinkgeldes wegen seine Pflicht zu vergessen. Ich mußte also meine Reisekoffer öffnen; doch ohne mich zu schikanieren, begnügten sie sich mit einer oberflächlichen Durchsicht; sie zeigten sich sehr gefällig und liebenswürdig und sagten mit einer neuerlichen tiefen Verbeugung: »Sayonara!« (Auf Wiedersehen).

Yokohama

Ich begab mich mit den beiden Kulis, die mein Gepäck trugen, ins Kolonialhotel. Das Hotel liegt mitten in einem Garten mit unzähligen doppelten Kamelien. Diese in Japan heimische Pflanze blüht überall in den Gärten, doch draußen in den Wäldern und am Rande der Straßen trifft man nur auf die einfache oder wilde Kamelie, aus deren Frucht ein auserlesenes Haaröl gewonnen wird. Die doppelten Kamelien werden nur drei bis sieben Meter hoch und blühen im März und April, während die einfachen im Dezember und Januar blühen und eine Höhe von acht bis dreizehn Meter erreichen. Ich habe einige gesehen, die einen zwölf Zoll dicken Stamm hatten.

Nachdem ich mich in meinem neuen Quartier, dem Kolonialhotel, eingerichtet hatte, sah ich mir die Stadt Yokohama an, die noch 1859 ein kleines Fischerdorf gewesen war und heute 14 000 Einwohner zählt. Die zehn bis zwanzig Meter breiten Straßen sind alle gepflastert, und an ihren Seiten stehen zweistöckige Holzhäuser mit bläulichen Ziegeldächern. Das Erdgeschoß ist tagsüber zur Straße hin offen, nachts mit dicken Bohlen verschlossen. Ab und zu sieht man Häuser aus »Stampferde«, die völlig feuersicher sind und die man folgendermaßen baut: Man erstellt zuerst ein Holzhaus; dann schichtet man auf Wände und Dach ein Gemisch aus Schlamm und Stroh. Sobald diese erste Lage trocken ist, setzt man eine zweite und dritte, eine vierte und fünfte darauf, so lange, bis die Mauern eine Dicke von 50 bis 70 Zentimeter haben. Wenn das Dach 17 Zentimeter dick ist, deckt man es mit sehr haltbaren gebrannten Ziegeln, befestigt mit Kleister Papier auf den Mauerwänden und überstreicht sie zuletzt mit einem schwarzen pflanzlichen Lack. Auf die gleiche Weise behandelt man Türen und Fensterrahmen. Es ist noch nie vorgekommen, daß ein solches Haus Feuer gefangen hätte, selbst nicht inmitten der Gluthitze brennender Nachbarhäuser. Zwischen den Längs- und Querbalken läßt man eine Fuge von einer bestimmten Breite, damit sich die Balken bei Erdbeben bewegen und ausdehnen können. Erdbeben sind in Japan von erschreckender Häufigkeit. Es gab in einem Monat sechs und, wie man mir erzählte, sogar oft an einem Tag zwei Erdbeben.

Wegen dieser Erdbeben findet man in ganz Japan keine Schornsteine. Die Einheimischen brauchen sie auch nicht; denn während sie ihren Reis oder das Teewasser kochen, lassen sie den Rauch zu den Türen oder Schiebefenstern hinaus, die den ganzen Tag über auf zwei Seiten des Hauses geöffnet sind.

Wenn man durch die Straßen geht, kann man die Japaner überall bei ihrem häuslichen Tun und Treiben beobachten und den mit Zwergbäumen bepflanzten kleinen Blumengarten bewundern, der sich unweigerlich hinter dem Haus befindet; denn die Japaner sind wahre Künstler im Gartenbau. Jede japanische Wohnung ist ein Muster an Reinlichkeit. Der Parterrefußboden liegt immer ein Fuß höher als die Straße und ist mit schönen, zwei Meter langen und einem Meter breiten Bambusmatten belegt. Matten ersetzen Stühle, Kanapees, Sofas, Tische, Holzbetten und Matratzen, deren Gebrauch, ja deren Existenz die Japaner überhaupt nicht kennen, mit einem Wort: die japanischen Häuser sind mit keinerlei Möbeln versehen, und kaum einmal findet man in einem Hinterzimmer eine kleine, tragbare Küche, die ein Meter lang und 60 Zentimeter breit und hoch ist und einem Kocher gleicht. Sie genügt vollkommen, um die einfache Mahlzeit der Familie zuzubereiten. Gleichwohl befinden sich an den Innenwänden Schiebetüren und hinter ihnen waagrechte Bretter, auf denen Platten, Schalen und Kopfkissen aufbewahrt werden.

Das Hauptgericht ist immer Reis, der das in Japan unbekannte Brot ersetzt, von ausgezeichneter Qualität ist und den Reis von den Karolineninseln weit übertrifft. Sobald der Reis gekocht ist, bringt ihn die Herrin des Hauses in einer großen lackierten Holzschüssel herein und stellt diese auf die Matten mitten ins Zimmer. Dann trägt sie eine Platte mit in pikanter Sauce gebackenen Fischen auf, dazu eine zweite mit ungekochten Fischen – ein beliebtes Gericht der Japaner. An Stelle von Löffeln, Messern und Gabeln bringt sie nun 30 Zentimeter lange lackierte Holzstäbchen und statt Tellern rotlackierte Schalen, auf denen in Gold der heilige Vulkan Fudschijama oder auch Störche gezeichnet sind. Der Storch gilt als Symbol des Glücks und langen Lebens und wird ebenso für heilig gehalten. Die ganze Familie setzt sich dann rings um die aufgetragene Mahlzeit auf die Fersen, jeder nimmt eine Schale, füllt sie mit Hilfe zweier Stäbchen mit Reis und Fisch und ißt dann, die Stäbchen in einer Hand haltend, schneller und graziöser, als wir es mit unseren silbernen Gabeln, Messern und Löffeln zuwege bringen. Ist die Mahlzeit beendet, nimmt die Hausfrau die Eßschalen und Stäbchen weg, säubert sie und legt sie in die hinter den Schiebetüren der Seitenwände verborgenen Regale zurück. Nach wenigen Augenblicken ist jede Spur der Mahlzeit beseitigt, weil es keine Stühle aufzuräumen, kein Tischtuch zu entfernen, keinen Tisch zu rücken, keine Serviette zu falten, weder Gläser, Messer, Gabeln und Löffel zu reinigen, noch Teller, Platten, Saucennäpfe, Schüsseln und Kaffeetassen abzuwaschen gibt, und das hat den einfachen Grund darin, daß alle diese Dinge in Japan nicht existieren. Gegen neun Uhr abends gehen alle schlafen. Die gleichen Matten, auf denen die Familie den Tag verbrachte, dienen nun als Schlafstelle. Man benötigt nur noch ein Kopfkissen, das aus einem Stück lackiertem Holz – einer wiegenförmigen, zwölf Zentimeter langen, sieben Zentimeter breiten und sechs Zentimeter hohen Kopfstütze – besteht. Sie hat oben eine Vertiefung von einem Zoll, in die man ein kleines Papierpolster legt. Frauen wie Männer sind, wenn sie sich zum Schlafen niederlegen, darauf bedacht, daß die Stütze unter den Nacken kommt, damit ihre schöne Frisur nicht beschädigt wird, die bis zum Eintreffen des Haarkünstlers halten muß, der nicht immer rechtzeitig erscheint, da er eine große Kundschaft zu betreuen hat.

Der Japaner kann den ganzen Tag, ohne im geringsten zu ermüden, auf seinen Fersen sitzen. In dieser Stellung erledigt er auch alle Schreibarbeiten, ohne das Bedürfnis nach einem Tisch zu haben, wo er Papier oder Bücher ablegen könnte. Es gibt nichts Seltsameres, als in den Zollbüros 25 oder 30 Beamte in zwei langen Reihen inmitten der Zimmer auf den Fersen sitzen zu sehen und zu beobachten, wie sie mit dem Pinsel in größter Geschwindigkeit von oben nach unten und von rechts nach links in ihre Bücher schreiben.

In Europa wetteifern wir mit unseren Nachbarn in luxuriösen Gegenständen wie Büfetts, Nähtischchen, Schränken, Betten, Tischen, Stühlen und vielen anderen Möbelstücken, die wir für unbedingt notwendig halten, die immer eine mehr oder weniger geräumige Wohnung erforderlich machen, sowie eine Menge Dienstboten und viel Geld, um die Einrichtung zu kaufen und die jährlichen Aufwendungen zu bestreiten. Unsere Möblierungssucht, das Wetteifern in Luxusgütern und die großen Kosten, die dadurch entstehen, sind es, die das Heiraten in Europa so erschweren, wo jeder glaubt, daß er nur heiraten könne, wenn er reich genug ist, die Bedürfnisse der Familie zu befriedigen. Hier in Japan erkennt man aber, daß nahezu alle Bedürfnisse, die wir in Europa für zwingend halten, künstlich erzeugt worden sind, so wie die vielen Einrichtungsgegenstände, mit denen wir unsere Zimmer überfüllen, keineswegs

Yokohama

notwendig sind. Wir halten diese Dinge für notwendig, weil wir mit ihnen von Jugend an vertraut sind, und wir könnten sie sehr gut entbehren und genauso gut leben, wie wir es jetzt tun, wenn es uns gelingen würde, uns daran zu gewöhnen, auf den Fersen zu sitzen und die schönen Fußbodenmatten als Stühle und Tische, Kanapees und Bettstellen zu gebrauchen. Welche Ermutigung zum Heiraten würde es bedeuten, wenn durch Übernahme dieser schönen japanischen Gewohnheiten die Eltern von dem Zwang befreit wären, für die Einrichtung ihrer Kinder aufzukommen! Eine kleine »tragbare Küche«, die man leicht unter den Arm nehmen und für drei Itzebu (7,50 Francs) kaufen kann, einige lackierte Holzschüsseln, eine Teekanne, zwei hölzerne Kopfstützen, einige Kleider und acht Bambusmatten; das ist alles, was ein neuvermähltes Paar in Japan braucht, um sich in seiner neuen Wohnung einzurichten, die aus zwei je vier Quadratmeter großen Zimmern besteht. Man behauptet, die teure oder billige Lebenshaltung in einem Lande sei stets aus dem Kaufwert des kleinsten im Umlauf befindlichen Geldstücks zu ersehen. Wenn dies zutrifft, muß das Leben in Japan sehr billig sein, denn für einen Itzebu bekommt man hier 16 Tempo und für einen Tempo 100 Kash, so daß 640 Kash dem Wert von einem Franc entsprechen, und diese Kash-Stücke sind keine Scheinwährung, sondern tatsächliche Zahlungsmittel.

Das Gewand der japanischen Frauen ist das dem Reifrock am unähnlichste Kleidungsstück, das ich je gesehen habe. Die Japanerinnen tragen über einem hemdähnlichen Baumwollkleid nur ein langes Gewand von lebhafter, im allgemeinen hellblauer Farbe, vorne offen wie ein Männer-Schlafrock. Dieses legen sie mit Hilfe eines Gürtels so eng um den Körper, daß sie dadurch in ihrer Gangart und der Schnelligkeit ihrer Fortbewegung behindert sind.

Der Gürtel, der aus einem sehr langen Stück doppelten Stoffes besteht, wird immer so gebunden, daß er auf dem

Abbildung links: In Japan rasierten sich die Männer die Stirn und Teile der oberen Kopfpartie kahl

Rücken einen großen Knoten, der wie eine Tasche aussieht, bildet. Die Frauen gehen immer ohne Strümpfe und tragen nur viereinhalb bis fünf Zoll hohe Holzsandalen, die an den Zehen befestigt sind. Den Kopf der Mädchen rasiert man bis auf eine drei Zoll breite Stelle zwischen Stirn und Scheitel, doch so, daß die Tonsur anderthalb Zoll über der Stirn beginnt. Die meisten Frauen lassen ihre Haare wachsen, wenn sie ins heiratsfähige Alter kommen; doch gibt es viele, die sich auch dann noch an der erwähnten Stelle rasieren lassen, wenn sie schon verheiratet sind. Am Tage ihrer Hochzeit zupft sich die Japanerin alle Augenbrauenhärchen aus und malt sich statt dessen mit schwarzer Pflanzenfarbe Augenbrauenbögen an. Das tut sie ihr ganzes Leben lang zweimal wöchentlich, auch wenn sie Witwe ist. Für ihre Frisuren benutzen die Frauen reichlich starke Pomade, die aus dem Öl der Frucht der einfachen Kamelie hergestellt wird, und sie verstehen es, ihrem Haar eine prächtige Form zu geben, ohne es zu flechten. Nur die armen Frauen frisieren sich gegenseitig, die wohlhabenden lassen es sich jeden Tag von einem berufsmäßigen Haarkünstler richten, der sich mit einem Tempo (16 Centimes) für seine Arbeit begnügt.

Der einzige Schmuck, den die Frauen tragen, sind lange Haarnadeln, die am Ende mit einer Koralle verziert sind, oder auch mit kleinen hohlen Glaskugeln, die mit Wasser gefüllt sind, in dem Goldplättchen schwimmen.

Die Haartracht der Männer habe ich schon beschrieben: Die Männer lassen sich jeden Tag von einem Haarkünstler die Haare »schampunieren« und dann frisieren. Wie die Frauen tragen sie eine Art Hemd aus gefärbtem Baumwollstoff, darüber ein langes schlafrockartiges Gewand mit einem schmalen Ledergürtel. Sie tragen keine Hosen, und an ihren nackten Füßen haben sie Sandalen, die sie an den Zehen befestigen. Bei Regenwetter benützen sie hölzerne, bei trockenem Wetter aus Stroh oder Bambus geflochtene Sandalen. Nur den Regierungsbeamten und dem Militär ist es erlaubt, Hosen zu tragen, dazu ziehen diese eine Art Strümpfe aus dunkelblauem Baumwollstoff an, die wie Handschuhe gearbeitet sind, damit die Sandalen an den Zehen befestigt werden können.

Halstücher und Taschentücher sind in Japan unbekannt. Männer wie Frauen haben in den »Pagoden«-Ärmeln ihrer Kleider eine Tasche, die eine Art Löschpapier enthält, in das sie sich schneuzen. Sie tun dies mit viel Grazie, und wenn das zu Hause geschieht, werfen sie das Papier ins Küchenfeuer. Müssen sie sich in Gesellschaft die Nase putzen, falten sie das Papier sorgfältig zusammen und sehen sich nach einem Diener um, damit er es hinausbefördere, finden sie keinen, stecken sie es in die Tasche, um es beim Weggehen fortzuwerfen. Sie finden es widerlich, daß wir dasselbe Taschentuch mehrere Tage lang mit uns herumtragen.

Die Kulis und Lastträger wie auch die Stallknechte tragen als Bekleidung nur einen schmalen Gürtel oder ein dunkelblaues Gewand mit großen roten oder weißen Schriftzeichen auf dem Rücken. Die meisten von ihnen sind am ganzen Körper tätowiert. Pferdewagen sind in Japan unbekannt; es gibt nur den Handkarren zum Befördern schwerer Lasten. Auf Schritt und Tritt begegnet man diesen mit Waren beladenen Karren, die von sechs keuchenden Kulis gezogen oder geschoben werden. Sie bewegen sich mit langsamen, gemessenen Schritten und stoßen fortwährend im Takt durchdringende Schreie aus, um ihre Lungen von der angestauten Luft zu befreien und sich die Arbeit leichter zu machen.

Die Japaner sind unbestritten das sauberste Volk der Welt. Jeder, wie arm er auch sein mag, versäumt nicht, mindestens einmal am Tag in eines der öffentlichen Badehäuser zu gehen, die es in allen Städten gibt. Übrigens ist hier das Klima großartig; es herrscht ewiger Frühling, und nie hat man Grund, sich über drückende Hitze noch Kälte zu beklagen. Trotzdem gibt es in Japan mehr Hautkrankheiten als sonstwo, und darum ist es schwer, einen Diener zu finden, der nicht die Krätze hat. Ich habe mir große Mühe gegeben, die Ursache dieses Übels zu ergründen, und nach allem, was ich gesehen und gehört habe, glaube ich behaupten zu können, daß der ungekochte Fisch – neben dem Reis das Hauptnahrungsmittel des Volkes – die alleinige Ursache ist.

Die öffentlichen Bäder bestehen aus einer großen Halle, deren Seitenwände mit Nischen versehen sind, wo die Kleider abgelegt werden. In einer Ecke der Halle steht ein großer Bottich mit heißem Wasser, das aus einem Rohr aus dem Heizraum kommt. Zur Straßenseite hin ist der Baderaum seiner ganzen Länge nach offen. Die Eigenart der japanischen Sprache, die keinen Unterschied zwischen männlich, weiblich und sächlich kennt, scheint hier im täglichen Leben in die Praxis umgesetzt zu werden, denn von der Morgendämmerung bis zum Einbruch der Nacht herrscht in allen öffentlichen Bädern ein Durcheinander von Leuten beiderlei Geschlechts und aller Altersstufen, die nichts anderes anhaben als das, was das einzige Kostüm unserer Vorfahren war, bevor diese in den fatalen Apfel bissen. Jeder schöpft heißes Wasser in einen Eimer, wäscht sorgfältig den ganzen Körper, kleidet sich wieder an und geht seines Weges.

»O heilige Einfalt!« rief ich aus, als ich zum erstenmal an einem dieser öffentlichen Bäder vorüberging und 30 oder 40 nackte Männer und Frauen sah, die, von der Neugierde getrieben, sich vor das Badehaus drängten, um aus nächster Nähe ein bizarr geformtes rotes Korallenstück zu betrachten, das an meiner Uhrkette baumelte. »O heilige Einfalt«, die den Tadel der Welt nicht fürchtet, die durch keinen konventionellen Sittenkodex gerügt oder bestraft wird und vor dem Nacktsein keinerlei Scham empfindet.

Entgegen Sir Alcock glaube ich allerdings nicht, daß eine derartige Unkenntnis aller unserer Anstandsbegriffe in Japan die Konsequenzen hat, die unweigerlich in Europa eintreten würden, denn wo der Mensch, der den Gewohnheiten seines

Landes folgt, gar nicht das Gefühl hat, eine schlechte Handlung zu begehen, dürfte auch das Gefühl für die Lasterhaftigkeit dieser Handlung unbekannt sein. Die Väter, die Mütter, die Eheleute, die Brüder, sie alle billigen die Gemeinschaftsbäder, und weil seit ihrer frühen Kindheit der tägliche Besuch dieser Bäder Gewohnheit geworden ist, kann man diese Leute weder tadeln noch ihnen Vorwürfe machen. Es ist aber sehr schwierig, die moralischen Ansichten des einen Volkes mit denen eines anderen zu vergleichen. Die chinesischen Frauen zeigen ihr Gesicht und malen es an, um bewundert zu werden, bedecken aber ihren Hals bis zum Kinn und verhüllen mit viel Sorgfalt ihre kleinen verkrüppelten Füße; die arabischen Frauen verschleiern das Gesicht, lassen die Brust unbedeckt und gehen mit bloßen Füßen in breiten roten Schuhen, dagegen betrachten zweifellos die einen wie die anderen die Kleidung der europäischen Damen und ihre Sitte, mit Männern zu tanzen, als eine schwere Verletzung der Anstandsregeln.

Die Sitten des schönen Geschlechts sind der Schutz des Staates. Eine Frau kann sich rächen, aber die Weltgeschichte liefert kein Beispiel dafür, daß Frauen oder eine Gemeinschaft von Frauen und Männern sich verschworen hätten, um Gewalttaten oder politischen Aufruhr herbeizuführen. Eine lange Erfahrung und eine gründliche Kenntnis des menschlichen Charakters dürften in dieser Beziehung den mißtrauischen Herrschern Japans vollkommene Sicherheit gegeben haben, und darum haben sie es vielleicht für ratsam gehalten, in den öffentlichen Bädern dem Volksbrauch freien Lauf zu lassen, ohne daß dadurch für den Staat auch nur die geringste Gefahr entstanden wäre.

Die japanische Regierung schützt die Ehe, indem sie die Prostitution billigt und fördert. Ein Mann kann nur eine einzige legitime Frau haben, deren Kinder die alleinigen Erben sind; er kann aber in seinem Hause so viele Konkubinen haben wie er will. Arme Eltern sind gesetzlich berechtigt, ihre Töchter in jugendlichem Alter für eine bestimmte Anzahl von Jahren an ein Freudenhaus zu verkaufen mit der Zusicherung, sie nach Ablauf der vereinbarten Zeit zurückholen oder den Vertrag auf einige Jahre verlängern zu können. Die Verkäufe und Verträge werden mit ebensowenig Bedenken abgeschlossen, wie sie etwa europäische Eltern haben, die ihre Töchter für mehrere Jahre als Dienstmädchen an eine gute Familie abgeben; denn der Japaner sieht im Prostitutionsgewerbe nichts Schändliches und Unehrenhaftes, und es gilt als genauso ehrenwert wie jeder andere Berufszweig. So kommt es sehr häufig vor, daß junge Mädchen die Freudenhäuser verlassen, um in den Stand der Ehe zu treten, oder daß sie später, wenn sie ihre Laufbahn als Kurtisane oder Tänzerin aufgegeben haben und in das Haus ihrer Eltern zurückgekehrt sind, heiraten.

Die an diese Etablissements verkauften Mädchen erhalten bis ins heiratsfähige Alter, das heißt bis zum zwölften Lebensjahr, eine nach landesüblichen Maßstäben perfekte Erziehung, sie lernen Chinesisch und Japanisch lesen und schreiben, erhalten Unterricht in der Geschichte und Geographie Japans, im Nähen, im Gesang, in der Musik und im Tanzen und, falls sie sich in der letzteren Kunst auszeichnen, dürfen sie bis zum Ende ihrer Vertragszeit als Tänzerinnen auftreten.

Die Freudenhäuser befinden sich stets in einem besonderen Stadtteil. In Yedo gibt es so viele, daß sie eine eigene Stadt bilden, Yosivara genannt. Sie ist von der übrigen Stadt durch Mauern und Gräben getrennt und hat nur ein Tor, das Tag und Nacht von zahlreichen Polizeibeamten bewacht wird. Yosivara hat einen Umfang von nicht weniger als zwei englischen Meilen und ist in der Form eines Parallelogramms angelegt. Sieben Straßen, die sich im rechten Winkel kreuzen, gliedern die Stadt in neun Teile, die durch Holzgitter voneinander getrennt sind. Da diese von der Polizei ganz nach Belieben geschlossen werden, ist eine strenge Überwachung möglich.

Es gibt in Yosivara mehr als 100 000 Kurtisanen, und keine

kann ohne Passierschein, für den ein ziemlich hoher Betrag zu bezahlen ist, aus der Stadt gelangen. Das Prostitutionsgewerbe wird immer, für jeden Stadtteil gesondert, von der japanischen Regierung für eine bestimmte Zeit als Monopol an den Meistbietenden verpachtet, und man versicherte mir, daß die Einkünfte daraus beträchtlich sind und die Prostitution eine der größten Einnahmequellen des Staates bildet.

Am 7. und 8. Juni gab die Regierung durch die ausländische Presse in Yokohama und durch viele in den Straßen aufgehängte Plakate bekannt, daß der »Taikun« (weltlicher Herrscher) am zehnten des Monats mit zahlreichem Gefolge aus Yedo abreisen und über die »Tokaido« (die Große Chaussee) nach Osaka fahren werde, um dem »Mikado« (Herrscher mit göttlichem Nimbus), mit dessen Schwester er vermählt war, einen Besuch abzustatten. Man bat die Fremden, während dieser Zeit dem kaiserlichen Aufzug fernzubleiben, um ein größeres Unglück zu vermeiden. Den Japanern wurde befohlen, alle an der Tokaido gelegenen Kaufläden zu schließen und so lange zu Hause zu bleiben, bis die Prozession vorüber sei. Am 9. Juni teilte aber der englische Konsul in Yokohama mit, daß es ihm über das Ministerium gelungen sei, für Ausländer die Erlaubnis zu erwirken, den Aufzug anzusehen, und zwar von einem Wäldchen aus, das vier Meilen außerhalb Yokohamas nur wenige Schritte von der Tokaido entfernt lag.

Ich begab mich zu Fuß dorthin, um mehr von der Landschaft zu sehen. Der Weg führte fast die ganze Zeit über kleine Dämme an Reisfeldern entlang. Der Boden besteht überall aus fruchtbarer schwarzer Erde, die wahrscheinlich von vulkanischem Auswurf und Überresten ausgeglühten Gesteins herrührt und obendrein im Laufe der Jahrhunderte durch Bewässerung fruchtbar gemacht wurde. Vorwiegend wird Reis angebaut, der das in Japan unbekannte Brot ersetzt. Man sät ihn zuerst sehr dicht in den Schlamm von Pflanzschulen, von wo aus die Setzlinge weiterverpflanzt werden. Von allen bäuerlichen Beschäftigungen ist der Reisanbau der mühsamste. Mit gebeugtem Rücken, die Beine fast bis zu den Knien im stinkenden Schlamm, ziehen Männer und Frauen die jungen Reispflänzchen aus, binden sie in kleine Büschel und füllen damit ihre Körbe; dann verpflanzen sie die Setzlinge in die weniger feuchten Felder. Es wird auch viel Raps und Weizen angebaut, den man, anders als in Europa, in Ackerzeilen sät, die durch 18 Zoll große Furchen voneinander getrennt sind. Kurz bevor der Weizen reif ist, pflanzt man in die Furchen zwischen den Weizenreihen Sojabohnen, so daß, wenn man die erste Ernte einbringt, die zweite schon im Halm steht. Auf diese Weise kann man leicht viermal im Jahr ernten. Die Felder wechseln sich ab mit prächtigen Wäldchen aus Palmen, Sago, Bambus, Kastanien, Koniferen, Orangen, Zuckerrohr, Kamelien in 20 verschiedenen Arten usw. Überall sieht man die verschiedenartigsten Farnkräuter, die unter den Blättern ihren Samen tragen, der winzigen Würmchen gleicht.

Wie man in Europa die Zweige der Birke als Symbol guter Wünsche zum Pfingstfest verwendet, so stellt man in Japan zum Neujahrsfest Farnkraut und Bambustriebe in die Zimmer, vor die Haustüren und entlang den Straßen, die die Glückwünsche zum Ausdruck bringen sollen.

Zu beiden Seiten des Weges sah ich viele Blumen, besonders viele Rosen ohne Dornen; ich habe aber in diesem Land niemals Blumen angetroffen, die auch nur den zartesten Duft gehabt hätten, noch eine Frucht gegessen, die auch nur ein bißchen aromatisch gewesen wäre.

In jedem günstig gelegenen Wäldchen trifft man mit Sicherheit auf einen oder zwei kleine Holztempel, die mit schönem Schnitzwerk verziert sind.

Nach einem Marsch von eineinhalb Stunden erreichte ich die Baumgruppe, die den Ausländern, die den Aufzug sehen wollten, angegeben worden war. Es fanden sich dort etwa 100 Ausländer ein und 30 Polizeibeamte, die für Ordnung zu sorgen hatten. Nach weiteren eineinhalb Stunden nahte endlich der Zug. Voraus ging eine große Anzahl Kulis, die an Bambusstangen das Reisegepäck trugen. Dann folgte ein Bataillon Soldaten in langen weißen oder blauen Hemden, schwarzen oder dunkelblauen Hosen, blauen Strümpfen, Strohsandalen und lackierten Bambushüten, den Tornister auf dem Rücken und mit Pfeil und Bogen oder Gewehr und Schwert bewaffnet. Die Offiziere hatten ein Gewand aus feinem gelben Kaliko (Kattun) und eine himmelblaue oder weiße Robe an, die bis zum Knie reichte und mit kleinen weißen Zeichen der adligen Herkunft geschmückt war. Dazu trugen sie blaue, knöchellange Hosen, Strümpfe, Strohsandalen und schwarzlackierte Hüte. Am Gürtel baumelten zwei Schwerter und ein Fächer. Ihre Pferde hatten keine Hufeisen, sondern gingen auf Strohsandalen. Anschließend kamen wieder Kulis, die Gepäck trugen, dahinter höhere Offiziere zu Pferd in langen weißen Röcken mit großen roten Schriftzeichen auf dem Rücken. Ihnen folgten zwei Bataillone Lanzenträger zu Fuß, dann zwei Kanonen, zwei Bataillone Infanterie und wieder Kulis, die mächtige lackierte Kisten trugen. Nun kamen abermals weiß, blau oder rot gekleidete Lanzenträger zu Fuß, nach ihnen hohe Würdenträger zu Pferd in weißen, rot beschrifteten Roben, ein Bataillon Soldaten in langen weißen Hemden und vier Stallknechte, die vier Reitpferde mit schwarzen Paradedecken führten. Es folgten vier prächtige, schwarzlackierte »Norimons« (kutschenförmige Sänften ohne Räder), hinter denen eine lilienförmige Standarte aus vergoldetem Metall getragen wurde, und dann kam endlich der Taikun, der Kaiser, auf einem edlen braunen Pferd, das wie alle anderen Pferde Strohsandalen trug. Er schien etwa 20 Jahre alt zu sein, war von majestätischer, schöner Gestalt und hatte eine dunkelgetönte Gesichtsfarbe. Er trug eine weiße, goldbestickte Robe und als Kopfbedeckung einen lackierten, vergoldeten Hut. An seinem Gürtel hingen zwei kostbare Schwerter. Etwa zwanzig Großwürdenträger in weißen Gewändern begleiteten ihn und bildeten den Schluß der Prozession.

Als ich am anderen Morgen auf der Tokaido spazierenritt, bemerkte ich nahe bei dem Platz, von wo wir uns den Aufzug angeschaut hatten, mitten auf der Straße drei derart verstümmelte Leichname, daß es unmöglich war, ihrer Kleidung nach zu beurteilen, welcher Gesellschaftsklasse sie angehört hatten. Als ich mich dann in Yokohama erkundigte, erfuhr ich, daß ein Bauer, der wahrscheinlich nichts von der Durchreise des Taikun gewußt hatte, nur wenige Schritte vor dem ersten Bataillon Soldaten über die Straße gegangen war. Darüber geriet ein verantwortlicher Offizier dermaßen in Wut, daß er einem Soldaten den Befehl gab, den Mann zur Strafe für seine Unverfrorenheit in Stücke zu hauen, und weil der Soldat nicht sofort gehorchte, spaltete ihm der Offizier im Zorn mit einem Säbelhieb den Schädel und tötete daraufhin auch den Bauern. In diesem Augenblick trat ein höherer Offizier hinzu und ließ sich den Vorfall berichten. Weil er glaubte, jener Offizier sei verrückt geworden, befahl er einem Soldaten, diesen mit dem Bajonett zu erstechen, was augenblicklich befolgt wurde. Die drei Leichen blieben auf der Chaussee liegen, und der ganze Zug, der aus etwa 1700 Personen bestand, bewegte sich weiter, ohne daß man sich um die Toten kümmerte oder sie überhaupt beachtete.

Hogiogi (Haschioji)

Unter den vielen Ausflügen, die ich während meines Aufenthalts in Yokohama machte, war der, den ich in Begleitung von sechs Engländern in die große Industriestadt Hogiogi im Seidebezirk unternahm, der interessanteste.

Wir machten uns am Sonntag, dem 18. Juni, nachmittags um viertel nach drei Uhr zu Pferd auf den Weg. Ich hatte mein Pferd aus einem Mietstall zum Preis von sechs Piastern (36 Francs) pro Tag entliehen. Unsere sieben Pferdeknechte, nichts am Leib außer einem schmalen Gürtel, folgten uns auf Schritt und Tritt und wetteiferten in der Schnelligkeit mit den Pferden. Die Körper der Knechte waren mit Monster- und Götterbildern in lebhaften Farben tätowiert; einige der Malereien waren wahre Meisterwerke. Vor uns sahen wir ständig den ungeheuren Vulkan Fudschijama, der ganz nahe zu sein schien, obgleich er 80 englische Meilen entfernt war. Er ist mit ewigem Schnee bedeckt. Seine Höhe beträgt 4725 Meter, und sein 350 Meter tiefer Krater hat eine Länge von 1100 Meter und eine Breite von 600 Meter. Ungefähr drei Meilen von der Stadt entfernt kamen wir an dem berühmten Denkmal vorbei, auf dem in chinesischer Schrift der Befehl der Regierung steht, alle Fremden zu töten. Es ist zwei Meter hoch, 84 Zentimeter breit und wird von einer Buddhastatue überragt. Das Denkmal scheint vor ungefähr zwei Jahrhunderten errichtet worden zu sein, und zwar zur Zeit der Christenvertreibung und der großen Massaker. Wir rasteten nahe bei dem berühmten Tempel von Bokensio, der in einem schönen Park mit Koniferen, Kamelien und Palmen usw. steht. Das Gebäude ist aus Holz mit einem ein Meter dicken Strohdach und – wie übrigens alle japanischen Bauwerke auf dem Lande – einem First mit stilisierten Lilienblüten. Beim Betreten des riesigen Tempelhofes war ich angenehm überrascht von der außerordentlichen Ordnung und bemerkenswerten Sauberkeit, die hier herrschten. Während die Tempel in China mit Marmor und prächtigem Ornamentschmuck überladen sind und mir angesichts der unbeschreiblichen Unsauberkeit und ihres offensichtlichen Zerfalls nur Abscheu und Schauder einflößten, kann ich diese japanischen Heiligtümer nicht ohne Wohlgefallen betrachten, denn sie zeugen von der Ordnung und der emsigen Pflege, die man ihnen widerfahren läßt, obwohl sie in geradezu bäuerlicher Einfachheit gebaut sind.

In weiße Gewänder gehüllte Priester, mit geschorenem Haupt und nackten Füßen, beeilten sich, uns die Türen des Gebäudes zu öffnen. Der Fußboden glänzt, und an der geschnitzten, aber unbemalten Decke hängen fünf weiße und rote Papierlaternen von zwei Meter Durchmesser. Der große lackierte Holzaltar ist mit vergoldeten Lotosblüten geschmückt. Es gibt in dem Heiligtum eine große Anzahl vergoldeter Statuen von Göttern und heiligen Tieren sowie eine Menge Tafeln und Täfelchen mit goldenen Inschriften. Auf der linken Seite des Heiligtums befindet sich eine große Nische mit mehr als hundert Grabtafeln, auf denen die Namen der Verstorbenen eingetragen sind, die Geld für den Tempel gestiftet haben. Inmitten dieser Grabtafeln steht eine vergoldete Buddhastatue. Auf einem kleinen Tisch vor der Nische sind lackierte hölzerne oder Porzellanschalen mit Opfergaben von sieben verschiedenen Gemüsesorten, Reis und Kuchen.

In einer anderen Nische auf der rechten Seite des Heiligtums sind an der Wand drei Götterstatuen angebracht, vor jeder stehen zwei Mahlzeiten, die aus sieben verschiedenen Sorten Gemüse, Reis und Zwieback bestehen. Nirgends sehe ich Spuren von Staub; alle Fensterrahmen sind mit sauberem weißem Papier bespannt, das keinen einzigen Riß aufweist. Auch die Priester, unter denen sich Greise und Knaben befinden, zeichnen sich durch Liebenswürdigkeit und außerordentliche Sauberkeit aus und stellen einen enormen Kontrast zu den frechen, ekelhaften und unsauberen chinesischen Bonzen (Priester) dar.

Wir setzten unsere Reise im Galopp fort und versäumten nicht, den Distrikt der Seidenraupenkultur zu besuchen, wo – wie in Italien – alle Felder reihenweise mit Maulbeerbäumen bepflanzt sind, deren Äste man so beschneidet, daß die Bäume nicht höher als eineinhalb bis zweieinhalb Meter werden. Sind die Maulbeerbäume fünf bis sechs Jahre alt, gräbt man sie aus und ersetzt sie durch junge Bäume; denn man glaubt hier wie in China und Indien fest daran, daß, je jünger der Baum ist, er um so geeignetere Blätter für die Nahrung der Seidenraupen hat. In allen Häusern der Dörfer, durch die wir kamen, wird Seide hergestellt. Die Felder sind überall fachmännisch bebaut. Der reichliche Regen und die zahlreichen Bäche erleichtern die landwirtschaftlichen Arbeiten. In Ermangelung des Viehs, dessen Mist man gut gebrauchen könnte, düngt man mit ausgerissenem Unkraut, das man zerkleinert und faulen läßt, sowie mit flüssigem menschlichen Dung, den man in den Städten sorgfältig sammelt, um den Boden damit zu besprengen.

Um sechs Uhr abends kamen wir in dem großen Dorf Hara-Madjeda an, wo wir uns zum »Teegarten« begaben (die Teehäuser werden in Japan Teegärten genannt), um hier zu übernachten. Ein Pferdestall war nicht vorhanden, man improvisierte aber rasch einen aus Bambusstangen, die man mit Matten oder Brettern bedeckte, so daß im Verlauf einer Stunde unsere sieben Pferde auf japanische Weise untergebracht und angebunden waren, und zwar in genau umgekehrter Weise wie nach der europäischen Regel. Das zweistöckige Haus hat eine Frontlänge von 16 Meter; sein Strohdach ist an der Firstseite mit schönen Lilienblüten verziert. Alle Außenwände des Erdgeschosses bestehen aus Schiebetüren; diejenigen an der Straßenseite werden morgens weggenommen und abends wieder hingestellt. Vor dem Haus befindet sich eine Art Veranda oder offene Galerie, wo man die Schuhe auszieht, ehe man das Empfangszimmer betritt, dessen Fußboden 66 Zentimeter über der Straße liegt, gebohnert und mit schönen Bambusmatten belegt ist. Der Empfangsraum hat keine Möbel, doch enthält er zwei offene Kästen von einem Meter Länge und 66 Zentimeter Breite und Höhe, in denen die Kohlenbecken für die Teezubereitung aufbewahrt werden. Links im Hintergrund liegt auf Wandbrettern eine Anzahl von Bambusmatten, auf denen Seidenkokons ausgebreitet sind. Man wirft die Kokons in kochendes Wasser, um die Raupen zu töten und dann die Seide zu gewinnen. Tötet man die Raupe nicht, zerstört sie die Seide und schlüpft als Schmetterling aus dem Kokon. Das große Empfangszimmer nimmt drei Viertel des Erdgeschosses ein; das restliche Viertel liegt auf gleicher Höhe wie der Erdboden. Hier befindet sich die Küche mit Kochgeräten und sechs oder sieben kleine Tonnen Sake, einem sehr starken Wein, der aus Reis gewonnen wird. Hinter den Regalen mit Seidenkokons führt ein kleiner offener Gang zu den zwei hinteren Zimmern. In diesem Gang steht ein Bottich mit frischem Wasser, eine Art Trog oder offener Kasten, der leicht schräg aufgestellt ist und eine Länge von zwei Meter, eine Breite von 56 Zentimeter und eine Höhe von fünf Zoll hat. Darin befindet sich ein kupfernes Waschbekken, das das verspritzte oder ausgegossene Wasser sofort abfließen läßt. Über dem Kasten hängt ein kleiner Korb mit Salz, das man hier zum Zähneputzen verwendet, sowie ein großer Pakken Löschpapier, das man zum Abtrocknen nimmt, denn Handtücher sind in Japan unbekannt. Das Papier wird aus Baumrinde hergestellt, und selbst das Löschpapier ist so stark und haltbar, daß man es nach dem Gebrauch waschen kann.

Zwei Schritte vom Waschbecken entfernt befindet sich das kleine Badezimmer mit heißem und kaltem Wasser.

Wohin man auch sieht, erkennt man die Ordnungsliebe und die geradezu übertriebene Reinlichkeit.

Man quartierte uns in einem Zimmer im zweiten Stock ein. Nach dem Abendessen richtete man uns zwei große Moskitonetze her, die uns vollkommen schützten und unter denen wir unsere müden Glieder auf den Bodenmatten ausstrecken konnten, indem wir den Kopf mit kleinen hölzernen »Kopfkissen« abstützten.

Es hatte die ganze Nacht geregnet und regnete auch am anderen Tag in Strömen, ohne aufzuhören. Trotzdem reisten wir nach dem Frühstück um halb elf Uhr nach Hogiogi weiter. Um uns ein wenig gegen den starken Regen zu schützen, kauften wir aus Stroh geflochtene Mäntel, wie sie japanische Bauern während der Regenzeit bei der Feldarbeit benützen. Die Mäntel gaben uns aber nicht den mindesten Schutz, so daß wir bald bis auf die Haut naß waren. Trotz des Regens ritten wir fast immer im Galopp und kamen gegen ein Uhr nachmittags in Hogiogi an.

Überall bot die Landschaft den lieblichsten Anblick, und das Panorama war besonders prachtvoll, als wir auf der Höhe eines Hügels ankamen und auf eine Entfernung von etwa zehn Meilen das weite Tal, von hohen Bergen umrahmt, vor uns liegen sahen.

In Hogiogi machten wir in einem »Teegarten« Rast, der dem in Hara-Madjeda ähnlich war. Dann besichtigten wir die Stadt, die etwa 20 000 Einwohner hat. Die Häuser sind aus Holz gebaut und zweistöckig. Ab und zu sieht man auch solche aus Stampferde, in denen Banken oder Büros der Regierung untergebracht sind. Fast in jedem Haus gibt es eine Seiden-Weberei oder ein Seidengeschäft.

An der Hauptstraße, die ungefähr eine Meile lang und 26 Meter breit ist, befinden sich in bestimmten Abständen Radbrunnen. Über ein Rad läuft ein Seil, an dessen beiden Enden jeweils ein Eimer befestigt ist. Zieht man auf der einen Seite das Seil nach unten, wird immer der eine Eimer mit Wasser gefüllt, während der andere schon voll nach oben steigt.

Der strömende Regen hinderte mich daran, die Stadt so zu besichtigen, wie ich es eigentlich gewünscht hätte. Zum Auswringen durchnäßt machten wir uns gegen fünf Uhr abends auf den Rückweg und kamen um sieben Uhr in Hara-Madjeda an, wo wir übernachteten und dann am anderen Tag nach Yokohama zurückkehrten.

Japanische Rikscha

Japanische Familie

Yedo (Tokio)

Ich hatte die Sehenswürdigkeiten von Yedo dermaßen rühmen hören, daß ich den brennenden Wunsch hatte, dorthin zu gehen. Den Verträgen von 1858 gemäß hätte die Hauptstadt schon 1862 dem ausländischen Handel geöffnet werden sollen; auf Bitten des Taikun erklärten sich aber die europäischen Regierungen damit einverstanden, die Öffnung dieses Hafens auf unbestimmte Zeit zu vertagen. So kann niemand außer den Gesandtschaften der ausländischen Großmächte und ihrer Gäste Yedo besuchen. Wegen der zahlreichen Attentate auf ihr Leben und das ihres Gefolges haben sich die Gesandten seit langem aus Yedo zurückgezogen. Außer dem Bevollmächtigten der Vereinigten Staaten von Amerika, Mister Pryune, ist niemand mehr geblieben, und auch er ist seit einigen Monaten abwesend und hat zwischenzeitlich Mister Portman mit der Führung der Geschäfte beauftragt.

Um nach Yedo kommen zu können, benötigte ich eine Einladung des stellvertretenden Bevollmächtigten; eine andere Möglichkeit gab es nicht. Wie auch anderswo ist es für einen Ausländer schwer, in Japan eine Einladung vom Geschäftsträger einer Großmacht zu erhalten, vor allem, wenn keine Möglichkeit besteht, ihn persönlich kennenzulernen. Trotzdem ist mir durch Vermittlung meiner Freunde, der Herren W. Grauert und Co. in Yokohama, ein Besuch gelungen. Am 24. Juni übermittelte mir der Generalkonsul der Vereinigten Staaten in Yokohama, Mister Fisher, durch seinen Mitarbeiter, Mister Bangs, eine Einladung Mister Portmans nach Yedo. Ich bat darum, am nächsten Sonntag, dem 25. Juni, reisen zu dürfen. Darauf bekam ich sofort über die japanische Polizeizentrale in Yokohama einen Passierschein mit der gleichzeitigen Mitteilung, daß mir für acht Uhr morgens ein Gefolge von fünf »Yakunins« (berittene Polizeibeamte) zur Verfügung gestellt werde.

Mit Hilfe des amerikanischen Konsulats konnte ich noch am selben Abend mein in schwarzes Ölpapier eingeschlagenes Gepäck nach der Hauptstadt abschicken. Für die Dauer meiner Reise mietete ich zum Preis von sechs mexikanischen Piastern (36 Francs) pro Tag von Mister Clark ein Pferd. Clark ist ein Neger aus Jamaika, der zuerst Zimmermann war, dann Matrose wurde, dann Hoteldiener und Bäcker und es schließlich zum Besitzer eines Pferdeverleihstalles mit neun Pferden gebracht hat. Sobald aber das Haus, das er gerade baut, fertig ist, will er wieder das Bäckerhandwerk ausüben.

Seit meiner Ankunft in Japan hatte es fast die ganze Zeit geregnet; an jenem Sonntag, dem 25. Juni, schien aber der Himmel alle Schleusen geöffnet zu haben. Eingehüllt in einen Kapuzenmantel aus wasserdichtem Papier, das die Japaner in einer Dichtigkeit, die dem Leder kaum nachsteht, aus Baumrinde herstellen, machte ich mich um Viertel vor neun Uhr morgens auf den Weg. Die fünf Polizeibeamten mußten mich im strömenden Regen begleiten, durften aber nicht die geringste Entlohnung annehmen. Sie fügten sich jedoch in ihr Los mit jener Lebensweisheit und stoischen Gelassenheit, die dem traurigsten Schicksal die Hälfte der Bitterkeit nehmen. Die Sättel waren aus Holz, ebenso die Steigbügel, große Haken, die sechs Zoll dick und 14 Zoll lang waren und die Form von Holzschuhen hatten.

Die Kleidung der Yakunins bestand aus einem weißen

Hemd, einem gelben oder himmelblauen langen Gewand, einer sehr weiten Hose, die von einem Gürtel gehalten wurde, einem Paar Kniestrümpfen aus dunkelblauem Stoff und Strohsandalen, die an den Zehen befestigt waren. Sie trugen einen riesigen, fast flachen lackierten Bambushut, den sie mit Bändern unter dem Kinn zubinden. Zwei von ihnen, die einem höheren Rang angehörten, trugen über den erwähnten Kleidungsstücken einen kurzen, blusenartigen Gehrock mit den Insignien des Adels auf Rücken und Ärmeln. Sie trugen außerdem zwei Schwerter, während die anderen nur einen Säbel und einen Dolch hatten. Alle waren in wasserdichte Strohmäntel gehüllt oder in solche aus Papier, die dem meinigen glichen. Jeder trug am Gürtel ein Futteral mit einem Fächer.

Wir ritten mit losen Steigbügeln hintereinander; die beiden ranghöheren Offiziere vor mir, die drei anderen bildeten die Nachhut. Sechs Bettos (Pferdeknechte), völlig nackt, aber vom Hals bis zu den Knöcheln in lebhaften Farben und auf kunstvolle Weise tätowiert mit Göttern, Vögeln, Elefanten, Drachen und Landschaften, begleiteten uns zu Fuß und liefen mit den Pferden um die Wette. Einer von ihnen hatte auf dem Rücken und auf der Brust eine Tätowierung, die den Ausbruch des heiligen Berges Fudschijama darstellte. Als perfekt gelungene Naturnachahmung sah man dort den dichten Rauch aus dem Krater über dem ewigen Schnee aufsteigen und einen großen Lavastrom aus einem anderen Krater am Fuße des gewaltigen Bergkegels herabströmen, die Gärten und Dörfer in der Ebene unter sich begrabend. Man konnte sogar die Einwohner deutlich erkennen, die mit ihren Kindern oder ihren alten Eltern auf dem Rücken flohen, oder andere, die sich, von der großen Hitze eingeholt und halb erstickt, im Todeskampf wanden.

Nach einer Viertelstunde kamen wir in Kanagawa an, einem großen Dorf, das, zweieinhalb Meilen von Yokohama entfernt, an der Tokaido liegt. Diese große Landstraße führt über eine Strecke von mehr als 600 englischen Meilen durch das ganze

Land von Nagasaki bis Tokio und Hakodate. Sie ist zehn bis elf Meter breit, wird sorgfältig in Ordnung gehalten und gilt als die beste Straße der Welt. In Japan gibt es überall gute Landstraßen. Auf der 20 englische Meilen langen Strecke von Kanagawa nach Yedo verläuft die Tokaido fast immer dicht an der Küste entlang. Auf beiden Seiten befinden sich zur Straße hin offene Kaufläden mit Spielzeug, Gemälden, Sandalen und Papierregenschirmen – diese Schirme übertreffen an Eleganz und Haltbarkeit unsere europäischen Seidenschirme und kosten hier nur einen Itzebu –, des weiteren Früchte wie Pfirsiche, Pflaumen, Aprikosen usw., allerdings noch unreif. Sie werden hier gepflückt, wenn sie noch grün sind, weil die Japaner den sauren Fruchtgeschmack lieben. Wie ich aber schon erwähnte, schmecken sogar die reifen Früchte und die Gemüsearten in Japan fade und nicht pikant. Niemand macht sich hier die Mühe, die in den Wäldern reichlich wachsenden Erdbeeren zu pflücken, weil sie nicht einmal eßbar sind.

An der Großen Straße gibt es außerdem eine große Anzahl »Teegärten« (Teehäuser), Tempel und Polizeiposten. Die Tokaido war überfüllt mit Kulis, die an Stangen Lasten trugen, und Packpferden mit diesen eigenartigen Strohsandalen. In ganz Japan sah ich keine beschlagenen Pferde außer bei den Yakunins, die aber auch erst seit etwa zwei Jahren diese Gepflogenheit angenommen hatten. Wir begegneten einer großen Zahl von Soldaten, die in der einen oder anderen Richtung marschierten und mit Pfeil und Bogen oder Gewehr und Schwert bewaffnet waren. Die Bajonette trugen sie immer seitlich am Gürtel in Lederscheiden. Häufig sahen wir von vier Kulis getragene elegante schwarzlackierte Sänften, sogenannte »Norimons«, eine Art überdachter Kutschen, sowie zahlreiche »Kangos«, kleine offene Bambussänften, die von zwei Kulis getragen werden. In jeder Polizeistation, an der wir vorbeikamen, saßen sechs oder acht Polizisten auf den Fersen, und sobald sie meine Yakunins erblickten, sprangen sie auf die Straße und salutierten, indem sie sich vor ihnen niederwarfen. Wir machten in zwei »Teegärten« Rast. Im ersten tranken wir 16 kleine Tassen Tee, für die ich einen Itzebu (2,50 Francs) bezahlte. Japan produziert nur grünen Tee, den man – wie in China – ohne Milch und Zucker trinkt. Übrigens sind wie Milch auch Butter und Kaffee in Japan völlig unbekannt, und die Ernährung mit tierischen Produkten beschränkt sich auf den Ertrag des Fischfangs.

Im zweiten »Teegarten« hielten wir uns etwas länger als eine Stunde auf, um zu Mittag zu essen und unsere Pferde zu füttern. Wie ich schon erwähnte, werden die Pferde in den japanischen Ställen im Vergleich zu den anderen Ländern der Welt in umgekehrter Richtung eingestellt.

Statt aus einer Krippe fressen die japanischen Pferde aus einem Eimer, der an zwei Stricken an der Decke aufgehängt ist. Man läßt den Eimer herunter, um den Tieren das Futter in der richtigen Höhe vorzusetzen, und zieht ihn wieder hoch, wenn sie fertig sind. Ich halte es für sehr praktisch und klug, die Pferde auf diese Weise anzubinden, weil man sich dann ihrem Kopf nähern kann, ohne Gefahr zu laufen, getreten oder gar zum Krüppel gemacht zu werden. Tatsächlich habe ich nirgends tückischere und wildere Pferde gesehen als diese japanischen Streitrösser, die fortwährend versuchen, sich gegenseitig eins auszuwischen. Es ist daher ratsam, um jedes Lastpferd, dem man auf der Straße begegnet, einen Bogen zu machen. Das sind immer Hengste; die Stuten werden auf dem Land für die Feldarbeit oder die Aufzucht zurückbehalten. Man nennt in Japan die Pferde »Ponys«, doch verdienen sie diesen Namen keineswegs, denn sie sind ebensogroß wie die gewöhnlichen Reitpferde in Europa. Ich muß noch anmerken, daß die Japaner, im Gegensatz zur Gewohnheit in anderen Ländern, von rechts aufs Pferd steigen.

Das Essen servierte man uns in lackierten und mit vergoldeten Mustern verzierten Schüsseln aus Holz. Die Mahlzeit bestand aus Reis, rohem und gekochtem Fisch und Sake; zum Schluß gab es Tee. Dann legte man mir ein mit Schriftzeichen versehenes Stück Papier vor, das wohl die Rechnung darstellte, denn einer meiner Polizeibeamten zeigte mir die fünf Finger seiner Hand und sagte: »Itzebu!« Es war mir gleich klar, daß ich fünf Itzebu (12,50 Francs) zu zahlen hatte. Ich beeilte mich, die Rechnung zu begleichen, die man mir daraufhin quittiert zurückgab.

Gegen Mittag erreichten wir den Hafen von Yedo, der durch sechs gewaltige Forts, die sich zwei Meilen von der Küste entfernt im Meer befinden, abgesichert ist. Noch mehr als durch diese Forts ist aber Yedo durch den niedrigen Wasserstand im Hafen geschützt, weil nicht einmal das kleinste Boot bei Ebbe anlegen kann. Endlich, gegen ein Uhr mittags, betraten wir die Stadt. Wir ließen die Pferde im Schritt gehen, um uns besser umsehen zu können. Zuerst kamen wir durch eines der großen Handels- und Geschäftsviertel, wo sich im Erdgeschoß der Häuser die zur Straße völlig offenen Ladengeschäfte befinden und wo man durch die Häuser hindurch kleine Blumengärten mit Zwergbäumen sehen kann. Der zwergenhafte Wuchs wird durch ständiges Beschneiden der Zweige und Wurzeln erreicht. Die Zwergbäume stellen den hauptsächlichsten Schmuck der Gärten dar.

Nirgends in Japan findet man ein Haus ohne Garten, einen Garten ohne »Aquarium« oder einen kleinen Teich, der kunstvoll mit kleinen Felsbrocken eingefaßt ist und in dem eine Menge roter Fische mit Schleierschwänzen herumschwimmen.

Die Häuser in Yedo sind zweistöckig, aus Holz und haben, wie überall in Japan, Schiebefenster mit dünnem, aber sehr haltbarem weißen Papier, das lange Zeit dem Regen ausgesetzt sein kann, ohne zu zerreißen. Ab und zu sieht man Häuser aus Stampferde, und ich schätze, daß auf 25 Holzhäuser eins aus Stampferde kommt. Wegen der häufigen Erdbeben ist es leider in Japan nicht möglich, die Häuser aus Stein zu bauen. Alle

Straßen von Yedo sind gepflastert wie die Boulevards in Paris, und selbst die schmalsten sind nicht weniger als sieben Meter breit. In den Geschäftsvierteln haben die Straßen eine Breite von mindestens 14 Meter, während sie im Bereich der kaiserlichen Paläste und der Paläste der japanischen Prinzen 20 bis 40 Meter breit sind.

Gegen zwei Uhr nachmittags trafen wir in der Gesandtschaft der Vereinigten Staaten ein. Sie liegt in der Nähe des großen Tempels von Dsen-fu-si, was »ewige Glückseligkeit« bedeutet. Man betritt ihn durch ein riesiges Granitportal, von dem aus ein mit großen Steinplatten gepflasterter Weg mitten durch den geräumigen Hof zum großen Tempel führt. Zu seiner Linken steht ein kleinerer Tempel sowie ein stattliches Gebäude, in dem die 40 Priester untergebracht sind, die diese Heiligtümer betreuen. Rechts von dem großen Tempel befand sich früher ein ähnliches Gebäude, das zunächst von Priestern bewohnt, ab 1860 den Vereinigten Staaten als Botschaftsresidenz diente und vor einiger Zeit durch eine Feuersbrunst zerstört wurde. Es ist dann von der japanischen Regierung neu aufgebaut worden, und dort befindet sich auch zur Zeit wieder die Gesandtschaft. Hier genieße ich nun schon seit drei Tagen die Gastfreundschaft des Geschäftsträgers Mister Portman, der mit größter Aufmerksamkeit um mich besorgt ist. Das Haus ist einstöckig, rings von einer Galerie umgeben, und alle Außen- und Innenwände bestehen aus Schiebetüren, die mit weißem Papier bespannt sind.

Mister Portman führte mich zuerst durch die zwei Tempel und die beiden angrenzenden Gebäude, um mir, wie er sagte, seine »Festungen« zu zeigen. Sie bestehen aus zwei Palisadenzäunen aus Bambusrohr und zahlreichen Wachhäuschen, in denen tagsüber 200, nachts etwa 300 Yakunins, die mit Schwert, Bogen, Gewehr und Dolch bewaffnet sind, Wache halten. Jeden Abend wird für die Dauer der Nacht ein Erkennungs- oder Losungswort ausgegeben. Wer versuchen würde, durchzukommen, ohne dieses Losungswort zu nennen, würde augenblicklich in Stücke gehauen.

Es begann wieder in Strömen zu regnen; doch mein Verlangen, Yedo anzusehen, war so groß, daß ich ihm nicht widerstehen konnte. Nachdem ich mich im Bad erfrischt hatte, ritt ich wieder aus, und zwar in Begleitung von fünf anderen Polizeibeamten, die zwei von höherem Rang mir voraus, die drei anderen als Nachhut. Wir kamen durch mehrere der zahlreichen Viertel der Daimios, deren Paläste ausnahmslos mitten in einem riesigen, viereckigen Hof liegen, dessen Ausmaß in Länge und Breite 300 bis 600 Meter beträgt. Der Hof ist von einem mächtigen Gebäudekomplex aus zweistöckigen Holzhäusern, in denen die Daimios mit ihren Familien wohnen, umschlossen. Doch diese ausgedehnten Gebäude reichen nicht einmal aus, um das Gefolge dieser Fürsten aufzunehmen. Daher befinden sich über den ganzen Hof verstreut weitere Wohnungen.

Die Daimios sind nach dem Gesetz verpflichtet, ihren Palast in Yedo sechs Monate im Jahr zu bewohnen und während ihrer Abwesenheit ihre Familien als Geiseln hier zurückzulassen. Sie reisen stets mit großem Gefolge von Yedo ab und kehren auch so wieder zurück. Die zahlenmäßige Stärke ihres Gefolges richtet sich nach der Größe ihrer Besitztümer und liegt bei den reichsten bei über 15 000 Bewaffneten. Einige ihrer Paläste sind aus gestampfter Erde, die anderen nur aus mit Kalkmilch gestrichenem Holz. Aber alle sind von mehr oder weniger breiten Gräben umgeben, etliche außerdem von hohen Mauern eingeschlossen. Es gibt in Japan mehr als 400 Daimios, die alle einen oder mehrere Paläste in Yedo besitzen, und man schätzt, daß diese ein Drittel der Stadt einnehmen. Nach in Yedo veröffentlichten Listen betragen die jährlichen Einkünfte von 20 dieser Fürsten 263 700 »Kokus« (Säcke) Reis zu je 17 Francs 30 Centimes, das sind 4 562 010 Francs. Und unter diesen 20 Fürsten gibt es vier, deren jährliche Einkünfte 600 000 Kokus Reis, das sind 10 380 000 Francs, übersteigen:

Der Daimio Kanga-Maida Kaga-no-Kami bekommt pro Jahr 1 202 700 Kokus Reis, bei 17 Francs 30 Centimes pro Koku sind das 20 806 710 Francs.

Der Daimio Satsuma-Matsdaira Satsuma-no-Kami erhält 760 800 Kokus Reis, pro Sack 17 Francs 30 Centimes, das sind 13 161 840 Francs.

Der Daimio Oavi-Tokungava Ovari-Dono erhält 629 500 Kokus Reis beziehungsweise 10 890 350 Francs.

Der Daimio Mutsen oder Xendai-Matsdaira Mutsen-no-Kami oder Xandai erhält 626 000 Kokus Reis oder 10 829 800 Francs.

Sir Alcock bemerkt mit Recht, daß der Taikun in der Ausübung seines Amtes von der traditionellen Ehrfurcht der Japaner vor den alten Sitten und Gesetzen eingeengt ist, aber noch weitaus abhängiger ist von den Daimios oder Feudalherren, die ihre Unterordnung nach außen hin bekennen, in Wirklichkeit aber Gegner des Kaisers sind. Sie besitzen fast den ganzen Grund und Boden des Landes und regieren völlig absolutistisch, und obwohl sie offenkundig die Untergebenen des Taikun wie des Mikado sind und den Gesetzen des Staates unterstehen, widersetzen sie sich der Autorität der beiden Herrscher und schränken diese ein, wann immer sich Gelegenheit dazu bietet oder ihre Interessen und Leidenschaften es ihnen eingeben. Der Mikado ist das erbliche, von den Göttern abstammende Oberhaupt mit Sitz in Osaka, während der Taikun der erbliche weltliche Herrscher ist, der in Yedo residiert. Beide Monarchen regieren das Land nach einer feudalen Verfassung. Die japanische Feudalgesellschaft hat keinen Ritterstand; sie ist der venezianischen Adelsoligarchie vergleichbar. Der Feudalherr besitzt alle Rechte, die Arbeiterklasse keine. Trotzdem herrschen Frieden, allgemeine Zufriedenheit, Überfluß und größte Ordnung. Japan ist ein Land, das so vortrefflich bebaut ist wie kein anderes in der Welt.

Wir begaben uns zuerst nach Atango-Yama, wo wir die

Pferde unseren sechs Stallknechten übergaben, die uns begleitet hatten. Atango-Yama ist ein hoher Hügel, den man auf einer schönen Granittreppe besteigt. Auf dem Hügel sind herrliche Teegärten. Von hier aus hat man einen wundervollen Ausblick auf Yedo, allerdings kann man kaum ein Drittel der Stadt sehen, da sie sich über nicht weniger als zwölf englische Meilen in jeder Richtung ausdehnt. Das Panorama war überaus abwechslungsreich. In nächster Nähe erkannte ich die Residenz des Taikun, die auf einem etwas erhöhten Gelände liegt und von gewaltigen Gräben und Mauern umgeben ist. Diese mehr als acht Kilometer lange Einfriedung gilt als heilig und darf von gewöhnlichen Sterblichen nicht betreten werden. Doch erfuhr ich von meinem liebenswürdigen Gastgeber, dem Geschäftsträger Mister Portman, der bei der Audienz anwesend war, die der Kaiser 1862 den ausländischen Gesandten gewährt hatte, daß man, um ins Innere dieser Anlage und zum Kaiserpalast zu gelangen, zuvor zwei tiefe Gräben und zwei hohe Mauern überwinden muß. Der einstöckige Palast ist in einfachem schlichten Stil aus Holz gebaut. Die Türen und die hölzernen Säulen, die die Decke tragen, sind mit schönem Schnitzwerk verziert. Es gibt aber kein einziges Fenster aus Glas, und wie überall in Japan bestehen die Außen- und Innenwände aus mit Papier bespannten Schiebetüren. Die Zimmer sind ohne jegliche Möbel und die Fußböden mit schönen, seidenumsäumten Bambusmatten belegt, die Seiner Japanischen Majestät zugleich als Sessel, Tisch, Kanapee und Bett dienen.

Rechts von dem Kaiserpalast erblickte ich, ebenfalls auf erhöhtem Gelände, den Friedhof mit den Grabmälern der Taikune. Er hat einen Umfang von vier Kilometern, ist mit riesengroßen Bäumen bepflanzt und ebenfalls von einem tiefen Graben umgeben. Aber alles, was ich an Gebäuden dort entdecken konnte, war der fantastisch geformte Turm einer der 38 Tempel, die innerhalb der Friedhofsanlage stehen. Trotz aller Bemühungen ist es mir nicht gelungen, die Erlaubnis zum

Besuch dieses Friedhofs zu bekommen, der jedoch nicht so unzugänglich ist wie das Innere der kaiserlichen Paläste.

Rechts vom Friedhof sah ich in direkter Blickrichtung endlos weit die Paläste der Daimios oder vielmehr die Paläste mit ihren Nebengebäuden, denn trotz ihrer großen Ausdehnung sind diese Paläste so niedrig, daß man sie nur mit Mühe von den sie umgebenden Nebengebäuden zu unterscheiden vermag. Auf jedem herrschaftlichen Grundstück befinden sich ein Garten und ein mit Koniferen und anderen Baumarten bepflanzter Park.

Als ich mich noch weiter nach rechts wandte, fiel mein Blick auf das große Geschäftsviertel, durch das ich gerade gekommen war und das sich bis zum Hafen erstreckt. Die Eintönigkeit der bläulichen Ziegeldächer der Bürgerhäuser wird unterbrochen durch das schöne Grün der Gärten, die hölzernen Wachtürme, die den europäischen Glockentürmen gleichen, sowie durch die zahlreichen Tempel auf den Hügeln ringsum.

Noch weiter rechts konnte ich den weiträumigen Hafen mit seinen sechs Festungen und zahlreichen Dschunken erkennen. Die sieben großen japanischen Dampfboote lagen auf der Reede vor Anker. Diese Schiffe, die die Regierung mehr als 15 Millionen Francs gekostet haben, sind völlig vernachlässigt und scheinen langsam zu verrosten, ohne für den Staat von Nutzen zu sein.

Wir gingen wieder den Atango-Yama hinunter, bestiegen unsere Pferde und machten einen Bogen um die kaiserliche Residenz.

Da ich glaube, nichts unerwähnt lassen zu dürfen, was völlig anders ist als das, was einem in der übrigen Welt begegnet, erwähne ich noch, daß der Schwanz der japanischen Katzen kaum ein Zoll lang ist und daß die Hunde, was das Gebell und die Verfolgung meiner Pferde anbelangt, in Petersburg und Konstantinopel, Kairo und Kalkutta, in Delhi und Peking immer eine ungestüme Angriffslust zeigten, während die japanischen Hunde dagegen derart phlegmatisch sind, daß man sie nie bellen hört; ja sie bleiben mitten auf der Straße ruhig liegen, selbst wenn sie uns herankommen sehen, so daß wir stets um sie herumreiten müssen, wenn wir sie nicht niedertrampeln wollen.

Gegen sieben Uhr abends trafen wir wieder in der Gesandtschaft ein. Nach dem Abendessen machte Mister Portman noch einmal mit mir die Runde durch die Befestigungsanlagen, die uns gegen Raubüberfälle während der Nacht schützen sollen. Alle Posten waren mit gut bewaffneten Yakunins besetzt und von zahlreichen, mit roten und schwarzen Schriftzeichen bemalten Papierlaternen beleuchtet. Diese Laternen kosten nur eine Kleinigkeit und sind viel haltbarer als die europäischen. Wenn man sie nicht mehr braucht, faltet man sie einfach zusammen. Das Kennwort für die Nacht war: »Dare?« (Wer da?) für den Frager, und die Antwort lautete: »Ka-at-ze!«

Am frühen Morgen des 26. Juni reiste ich in der üblichen Begleitung von fünf berittenen Polizeibeamten ab, um auch die anderen Gesandtschaften zu besuchen. Zum erstenmal seit einem Monat hatte sich der Himmel aufgehellt, und eine tropische Sonne strahlte in ihrer ganzen Pracht.

Zuerst begaben wir uns zur französischen Gesandtschaft, die im Haus der Priester des Sai-Kai-Dsi-Tempels untergebracht ist und einen kleinen von zwei Bambuspalisaden umgebenen Hof hat. Das Haus der Gesandtschaft befindet sich auf der linken Seite des Tempels am Rande eines Abgrunds. Es ist zwar groß genug, aber unbewohnt und vernachlässigt, weil der französische Gesandte aus Furcht vor den Räubern von Yedo hier nicht mehr wohnen will und daher dauernd in Yokohama lebt.

Vor der Tür dieser Gesandtschaft, beim Sai-Kai-Dsi-Tempel, wurde 1862 Mister Heusken, Dolmetscher bei der Gesandtschaft der Vereinigten Staaten, ermordet.

Von hier aus begaben wir uns zu der Gesandtschaft der Niederlande beim Tempel von Schiogi. Man durchquert zuerst einen schönen Garten mit Palmen und doppelten Kamelien, an dessen äußerstem Ende eine 20 Meter hohe Granittreppe zum Tempel führt, hinter dem – am Fuße eines Hügels – das Gesandtschaftsgebäude liegt. Es ist nur durch zwei Bambuspalisaden auf der Tempelseite und einer Palisade auf der Hügelseite geschützt, so daß es fast unmöglich sein würde, das Haus im Falle eines Überfalls zu verteidigen. Der holländische Geschäftsträger hat es darum klugerweise verlassen und sich ganz aus Yedo zurückgezogen.

Wir bestiegen wieder unsere Pferde und begaben uns zur englischen Gesandtschaft beim Tempel von Toden-si, der eine eingehende Beschreibung verdient wegen der blutigen Szenen, deren Schauplatz er einst gewesen ist. Durch ein mächtiges Granittor betritt man den weiten, mindestens 500 Meter langen und 660 Meter breiten Hof, der mit großen Kiefern bepflanzt ist. Ein breiter, mit Granitplatten belegter Weg führt vom Tor geradewegs durch eine herrliche zweistöckige Vorhalle zum großen Tempel von Toden-si. Links von ihm steht ein langes einstöckiges Gebäude, das den zahlreichen »Bonzen« – wie man die japanischen Priester nennt – als Wohnung dient. Rechts ist das ebenfalls einstöckige englische Gesandtschaftsgebäude mit 20 bis 25 Zimmern und mehreren Korridoren. Sowohl die Innen- als auch die Außenwände bestehen aus Schiebetüren, die mit Papier bespannt sind. Wenn man die Örtlichkeiten nicht genauestens kennt, ist es fast unmöglich, sich bei Nacht zurechtzufinden. Diesem Umstand allein verdankte der englische Bevollmächtigte Sir Alcock seine Rettung, als im Juli 1862 ein Attentat auf ihn verübt wurde, bei dem zehn Menschen getötet und 15 schwer verwundet wurden. Noch heute kann man an mehreren Stellen auf den Papierwänden große Flecke von Menschenblut sehen, die an diesen Überfall erinnern.

Auf der anderen Seite des Hauses ist ein großer Park mit riesigen Bäumen, zwischen ihm und dem Haus liegt ein Teich, den man nur auf einem schmalen Holzsteg überqueren kann. Die Meuchelmörder drangen auch 1863 bei Nacht unter Angabe des Kennwortes von dieser Seite her ein, töteten zwei englische Korporale, entflohen aber beim Eintreffen einer ihnen überlegenen Verstärkung, ohne ihr Ziel, die Ermordung des stellvertretenden englischen Geschäftsträgers, Oberst O'Neale, erreicht zu haben. Gegenwärtig ist die Brücke über den Teich zerstört und das Haus der Gesandtschaft von doppelten und dreifachen Bambuspalisaden sowie zahlreichen Wachhäuschen für die Wachposten umgeben. Nichtsdestoweniger haben die Engländer eine sehr große Angst vor dem vulkanischen Boden Yedos und darum schon seit langem ihre Gesandtschaft nach Yokohama verlegt, und ihr Haus in Yedo ist unbewohnt und vernachlässigt. Nahe beim Tempel hängt eine große Glocke. Sie wird mit Hilfe eines zehn Zoll dicken Balkens in Bewegung gesetzt, der, von vier starken Ketten gehalten, waagrecht schwebt. In ganz Japan werden die Glocken auf diese Weise geläutet, außer den kleinen, die keinen Klöppel haben, sondern mit dem Hammer angeschlagen werden.

Von hier aus kehrte ich mit meiner Begleitung zur amerikanischen Gesandtschaft zurück und machte mich nach dem Frühstück mit fünf anderen Yakunins von neuem auf den Weg, um den berühmten Tempel von Asaksa-Quannon zu besuchen.

Der O-Kava-Fluß, der an seiner Mündung sehr breit, im übrigen aber ohne Bedeutung ist, teilt Yedo in zwei ungleiche Stadtteile, von denen der eine Hondjo und der andere Yedo heißt. Yedo ist in drei Bezirke unterteilt: Midsi (die Stadt), Siro (die Paläste des Taikun) und Soto-Siro (die Umgebung dieser Paläste). Der Tempel Asaksa-Quannon liegt fast am äußersten Ende von Midsi. Wir ritten in scharfem Trab durch die gleichförmigen und eintönigen Viertel der Daimios, streiften in ziemlicher Entfernung den Friedhof der Kaiser und ritten langsamer durch die Geschäftsviertel, um sie ganz nach Belieben näher betrachten zu können.

Nirgends entdeckte ich Metzgereien, Molkereien, Buttergeschäfte oder Möbelläden, weil die Japaner kein Fleisch essen, Milch und Butter nicht kennen und ganz ohne Möbel wohnen. Dagegen sah ich eine große Anzahl Läden mit Gegenständen aus lackiertem Holz, wie zum Beispiel Servierbretter und Vasen, die wie Spiegel glänzten und mit vergoldeten Mustern verziert waren. Ich erblickte in den Läden Porzellan, das mit den Erzeugnissen von Sèvres konkurrieren könnte, sowohl was die Feinheit des Materials als auch die Schönheit der Muster betrifft. Ich sah Porzellantassen, die so dünn wie Eierschalen und trotzdem sehr haltbar waren. Andere Tassen waren aus einem dichten Bambus- oder Rohrgeflecht geformt, aber von einer derartigen Feinheit, daß es ohne Mikroskop unmöglich war zu unterscheiden, ob sie aus Porzellan oder Rohr waren. Wir Europäer benutzen dieses Porzellan nur, um unsere Zimmer damit zu schmücken, weil diese japanischen Tassen viel zu klein für unseren Gebrauch sind und außerdem weder Untertasse noch Henkel haben. Wir können auch nichts mit dem anderen fantastisch geformten Porzellan anfangen, das die kleine Liste des japanischen Haushaltszubehörs vervollständigt. Ich stieg vom Pferd, übergab es einem der Stallknechte und ging einige Meilen zu Fuß, um die tausend Sehenswürdigkeiten, die in den Läden ausgestellt waren, genauer betrachten zu können. Ich sah viele Läden mit bronzenen Kunstgegenständen, Vasen mit kostbaren Einlegearbeiten, und damit man sich eine Vorstellung von dem Wert dieser Vasen machen kann, erwähne ich, daß ich für eine Vase, noch nicht einmal von bester Qualität, 4300 Itzebu (10 750 Francs) bezahlen sollte. Ich kam auch an vielen Läden vorbei, die herrliche Perlenketten und Kunstgegenstände aus Elfenbein oder feingravierte Bogen und Schwerter feilboten. Diese japanischen Schwerter sind im ganzen Orient berühmt, und man versicherte mir überall, sie seien so hart und scharf, daß man mit ihnen eine fingerdicke Eisenstange mit einem einzigen Hieb durchschlagen könne. Zwei Schwerter

– ein großes und ein kleines – kosten hier 80 Itzebu (200 Francs). Ich bot 100 Itzebu für ein einziges Schwert unter der Voraussetzung, daß der Waffenschmied in meiner Gegenwart mit dieser Klinge einen Nagel durchhaue, bevor ich zahlte. Da er sich aber weigerte, die Waffe dieser Probe zu unterziehen, kaufte ich sie nicht. Ich glaube, daß man mir gegenüber die Qualität der Schwerter übertrieb, denn der Nagel, den ich durchgeschlagen haben wollte, war nicht einmal ein Sechstel Zoll dick. Bogen und Pfeil sind in Japan sehr beliebt. Ich habe in den Läden Bogen von zwei bis drei Meter Länge gesehen. Man verkauft sie zusammen mit einem lackierten Holzköcher voller Pfeile für 58 Itzebu (145 Francs) das Stück. In vielen Läden wurden wahre Meisterwerke an Holzplastiken angeboten. Die Japaner zeichnen sich besonders in Vogelnachbildungen aus Holz aus, in Steinplastiken sind sie weniger geschickt, und nur selten stößt man auf einen Laden mit kleinen, unbedeutenden Skulpturen aus weichem Stein. Marmor scheint in Japan unbekannt zu sein. Großen Eindruck machten auf mich die vielen Läden mit japanischen Seidenwaren, in denen mehr als 100 Angestellte, Männer und Frauen, beschäftigt sind. An Größe und Reichhaltigkeit könnten diese Läden mit den bedeutendsten Kaufhäusern von Paris wetteifern. Ihre Innenausstattung ist jedoch ein wenig anders als in anderen Ländern, sie befinden sich meist an den Straßenecken und sind umgeben von Veranden oder offenen Galerien. Die Wände des Erdgeschosses zur Straße hin bestehen aus mit Papier bespannten Rahmen oder Schiebetüren, und wie in allen japanischen Läden nimmt man morgens die Rahmen oder Türen weg und stellt sie abends wieder an ihren Platz, so daß die Läden in ihrer Länge und Breite den ganzen Tag über offen sind. Der Fußboden liegt einen Fuß hoch über der Straße und ist mit schönen Bambusmatten mit Seidenborten belegt. Diese Matten bleiben das ganze Jahr hindurch sehr sauber, da man nur barfuß auf ihnen geht. Stiefel und Schuhe sind hier unbekannt; alle tragen entwe-

Tempel Horiuji bei Nara,
ältester Holzbau Japans

Tokio, Shiba-Park

der Sandalen aus Holz, Stroh oder Bambus, die man vor dem Betreten der mit Matten bedeckten Böden auszieht. In den Läden liegen 10 bis 20 Seidenstoffballen auf dem Boden, und neben jedem Ballen sitzen zwei Angestellte auf den Fersen. Die Käufer setzen sich auf dieselbe Weise neben sie, um die Stoffe anzusehen und zu prüfen, ehe sie sie kaufen. Wünschen sie andere Stoffe, holt man diese nicht aus einem Schrank oder einer Schublade, sondern vom Lager in der zweiten Etage, wo die Waren ordentlich aufgestapelt in Papierschachteln aufbewahrt werden. Ich kam an zahlreichen Kaufläden vorüber, in denen Sandalen, Regenschirme und Papierlaternen feilgeboten werden; ebenso an mehreren Buchhandlungen, in denen es lehrreiche Schriften und die Heiligen Bücher des Konfuzius und des Menzius so preiswert zu kaufen gibt, daß auch der Ärmste sie sich leisten kann. Ich sah auch sehr viele Läden mit Kinderspielzeug, das die Japaner zu niedrigen Preisen herstellen und das von bester Qualität ist. Oft ist es mit einem so sinnreichen Mechanismus ausgestattet, daß es jenes von Paris oder Nürnberg weit hinter sich läßt. Man kann hier für ein paar Sous einen Vogelbauer mit künstlichen Vögeln kaufen, die sich durch einen Mechanismus, den der leiseste Windhauch in Bewegung setzt, fortwährend drehen, und für drei Sous bekommt man eine aufziehbare Schildkröte. Das Spielzeug, für das die Japaner besonders bekannt sind, ist der Kreisel, der in mehr als 100 verschiedenen Ausführungen hergestellt wird und von denen immer einer noch sehenswerter ist als der andere. Gerne hielt ich mich auch in Läden auf, in denen Bilder und Gemälde aufgehängt waren, die bei den Japanern sehr beliebt zu sein scheinen. Doch sind Szenen, die das Alltagsleben der Menschen darstellen, häufig zu realistisch wiedergegeben, um künstlerisch geschmackvoll zu sein. Wohl zu begreifen, da die Sitten und Gewohnheiten des Volkes sich überall, in den Häusern und auf den Straßen, in Gestalt von nackten oder fast nackten Leuten dem Auge darbieten, ohne daß auch nur im entferntesten daran gedacht wird, daß ein solcher Mangel an Bekleidung als Taktlosigkeit empfunden werden könnte. Die bildliche Darstellung der Gewohnheiten und Sitten des Volkes gibt ja notwendigerweise nur das wieder, was man beständig vor Augen hat; und sie tut dies auf eine Weise, die mit den Begriffen und Auffassungen der europäischen Völker kaum übereinstimmt.

Das Erscheinen eines Fremden erregt in der japanischen Hauptstadt Aufsehen, und so hörte ich, während ich durch die Straßen ging, wie die Leute einander mit Zurufen auf mich aufmerksam machten: »Todsin! Todsin!« (Fremder). Dies geschah besonders laut und häufig, als ich zu den öffentlichen Bädern kam, und diese Szenen wiederholten sich, ähnlich wie in Yokohama, so oft ich zufälligerweise zu Fuß an einem dieser Bäder vorbeikam.

Wir gingen auch über die berühmte Brücke mit dem Namen »Nippon-Bassi« (Japanbrücke), nach der man alle Entfernungen im Lande mißt. Endlich gelangten wir zum großen Propyläum des Asaksa-Quannon-Tempels, von dem aus eine lange und schöne Allee zur inneren Tempelpforte führt. Auf beiden Seiten dieser Allee reihen sich zahllose Kaufläden aneinander, die einen riesigen Basar bilden. Man bekommt dort hauptsächlich Kinderspielzeug, Götterbilder, Schmuck für Frauen, insbesondere goldene Haarnadeln mit hohlen Glaskugeln am Ende, die mit einer gefärbten Flüssigkeit gefüllt sind, in der Goldplättchen schwimmen. Die Straße wimmelte von Frauen, Kindern, Müßiggängern, Käufern und Verkäufern. Wir gelangten zu einem Friedhof seitlich vom Tempel und überließen unsere Pferde den Stallknechten. Während wir zum Tempel hinaufstiegen, sahen wir den Stall der beiden weißen heiligen Pferde, die ausschließlich im Dienst des Gottes Quan-Non stehen – die Priester behaupten, er besteige sie jede Nacht und durchmesse auf ihnen ungeheure Strecken. Auch sie sind in der in Japan üblichen Art eingestellt. Der Stall ist mit zahlreichen Votivtafeln mit chinesischen Schriftzeichen geschmückt. Neben ihm befindet sich ein zweiter, in dem ein großes lackiertes Holzpferd steht. Vor den beiden Stallungen hält sich ein Mann auf, der gekochte Bohnen an die Gläubigen verkauft, die sie sowohl den zwei lebenden Rössern, als auch dem hölzernen Pferd als Opfergabe darbringen.

Auf dem Tempel befindet sich ein großes Storchennest, in dem das Storchenpaar mit seiner zahlreichen Nachkommenschaft zu erkennen ist, dieses Nest ist eine Zierde für das Gebäude.

Ich betrat mit meinen Begleitern, den fünf Polizeibeamten, den Tempel und blieb länger als eine Stunde, um alle Einzelheiten zu betrachten. Eine Menschenmenge von mehr als hundert Personen beiderlei Geschlechts und jeden Alters drängte sich dauernd um mich mit dem Ruf: »Todsin! Todsin!« Meine Begleiter hatten die größte Mühe, sie mir vom Leibe zu halten und zu verhindern, daß sie mir die Korallen entrissen, die ich an meiner Uhrkette trug, die überall in Japan und besonders hier im Tempel Gegenstand lebhafter Neugier war.

Der Tempel hat ungeheure Ausmaße. Mitten in dem großen Heiligtum ist auf einem »Chubutra«, einer Art Podium oder Säulensockel, der große hölzerne, schwarzlackierte Altar, über dem sich ein hausförmiger goldener Baldachin erhebt. Auf beiden Seiten des Baldachins sieht man eine goldene, 66 Zentimeter hohe Götterstatue und auf der Stirnseite ein Meter große Lotosblumen aus Goldbronze. Rechts und links vom großen Baldachin gibt es zwei kleinere mit ungefähr 20 vergoldeten Statuetten weiblicher Gottheiten. Ein Priester in einem langen, purpurfarbenen Gewand verrichtete vor dem Altar den Gottesdienst. Er verbrannte Weihrauch, schlug mit einem Hammer an eine Glocke und sprach laut Gebete, wobei er die Handflächen, ohne daß sich die Finger berührten, aneinanderlegte, während etwa 20 andere »Bonzen« Hymnen in Sanskrit sangen. Rechts und links vom großen Sanktuarium befindet sich ein kleines, das mit zahlreichen vergoldeten Götterstatuen verziert ist. In diesen beiden Sanktuarien sieht man neben den Götterstatuen die Bildnisse einer großen Zahl von in Yedo geborenen Kurtisanen, die sich durch ihre Anmut und ihren Charme auszeichneten. Einige dieser Porträts sind auf Seide gemalt, andere auf Papier, alle sind gerahmt.

Nichts vermag eine bessere Vorstellung von den Sitten des japanischen Volkes zu geben, als das Vorhandensein dieser Porträts im größten und berühmtesten Tempel von Japan.

In europäischen Ländern beklagt man sich über die Kurtisanen und duldet sie, aber man hält ihr Gewerbe für entehrend und schändlich, und bis heute vermag ich kaum zu verstehen, daß die Japaner den Dienst der Kurtisanen als ehrenwert betrachten, ja ihnen geradezu göttliche Verehrung erweisen. Mir erschien dies als ein so unbegreiflicher Widersinn, daß ich lange verdutzt vor diesen Bildnissen der Vergöttlichung der Prostitution stand und aus meiner Verwunderung kaum herauskam.

In der Mitte des Tempels steht unter einem offenen Baldachin die Holzstatue Buddhas und vor ihr ein vergitterter Kasten. Jeder Gläubige wirft einige Kash-Stücke in diesen Kasten, reibt wiederholt das Gesicht der Statue und berührt dann mit derselben Hand sein eigenes Gesicht.

Durch dieses fortgesetzte Reiben ist schon ein großer Teil des Gesichts der Statue verschwunden. Vor den drei Sanktuarien stehen ähnliche, aber viel größere Kästen, und jeder wirft etwas Geld hinein, bevor er betet. Sowohl die Mauern als auch die großen Säulen, die die Decke tragen, sind mit Statuen und Bildnissen der Gottheiten bedeckt, und an all denen, die man mit der Hand erreichen kann, sind Opfergaben angehängt; während man bei den anderen, die zu hoch angebracht sind, seine Wünsche auf Zettel schreibt, die man anfeuchtet und zu Papierkügelchen dreht, um sie dann mit Hilfe eines Blasebalgs nach oben zu befördern. Diese Kügelchen bleiben lange an den

Bildnissen haften, und auch an den Porträts der Kurtisanen kleben viele, was mir ein Beweis für ihre Vergöttlichung zu sein scheint.

20 riesengroße Papierlaternen hängen von der Decke des Tempels herab; mehrere von ihnen sind sieben Meter lang und 3,30 Meter breit. Alles, was ich bis jetzt von der japanischen Religion gesehen und kennengelernt habe, gibt mir die Gewißheit, daß das Leben des Volkes nicht sehr tief von dieser Religion durchdrungen ist und daß die oberen Klassen der japanischen Gesellschaft mehr oder weniger skeptisch sind. Ihre religiösen Bräuche und ihre Tempel sind auf eine seltsam befremdliche Weise mit den allgemeinen Volksbelustigungen vermischt.

Im weiten Hof des Tempels von Asaksa-Quannon befinden sich eine Ausstellung von Figuren, ähnlich denen der Madame Tussaud in der Bakerstreet in London, »Teegärten«, Basare und zehn Galerien, wo man sich im Bogenschießen üben kann; außerdem finden Theateraufführungen und Vorstellungen der Jongleure mit ihren Kreiseln statt.

Nach meiner Meinung läßt sich ein solches Gemisch mit ernsthaften religiösen Überzeugungen nicht vereinbaren.

Ich sah mir alle diese Belustigungen an und bewunderte besonders die Kunst, mit den Kreiseln zu jonglieren. Der Jongleur warf die Kreisel hoch in die Luft, fing sie mit der Spitze seiner Tabakspfeife auf, sprach mit ihnen, als ob sie Menschen wären, und gab ihnen dann an, welche Richtung sie einschlagen sollten. Einem Kreisel befahl der Jongleur, sich auf der Spitze eines Schwertes zu drehen und auf der Schneide hin- und herzugehen; ein anderer Kreisel hatte auf einem Seil, das in einem Winkel von 20 Grad gehalten wurde, auf- und abzusteigen; einen dritten Kreisel warf er in die Luft, fing ihn mit einem Finger auf und befahl ihm, auf seinem Arm entlangzulaufen und über seinen Rücken hinweg auf dem anderen Arm wieder zurückzukommen, und die Kreisel gehorchten, als ob sie lebende Wesen wären. Ich kann aber beschwören, daß in ihrem Innern kein Mechanismus verborgen war. Die Stärke und Geschicklichkeit des Jongleurs bestehen darin, einen Kreisel, dem er nur einen leichten Antrieb mit zwei Fingern gibt, zehn Minuten lang am Drehen zu halten.

Wenn diese Seiten jemals von dem berühmten Amerikaner Mister Barnum gelesen werden sollten, rate ich ihm, seine Vorführungen mit den Liliputanern und mit der alten taubstummen und gelähmten Negerin – die, wie er behauptet, die Amme des großen Washington gewesen sein soll – aufzugeben, schnellstens nach Japan zu reisen und einen Kreiseljongleur zu engagieren, um mit ihm Vorstellungen in Europa und Amerika zu geben. Das ist eine wunderbare Kunst, die die Bewunderung der ganzen zivilisierten Welt finden und ihm Millionen im Jahr einbringen würde. Den Japanern ist zwar streng verboten, auszuwandern; doch für Mister Barnum ist nichts unmöglich.

Obwohl mich meine fünf Yakunins mit aller Gewalt daran hindern wollten, besuchte ich das große Theater, auf japanisch »Taisibaia« genannt. Es ist ein mächtiges zweistöckiges Holzgebäude, das 6000 bis 8000 Besucher faßt. Das japanische Theater unterscheidet sich sehr vom chinesischen. Es hat eine 23 Meter breite Bühne, einen Vorhang, Kulissen und Dekorationen wie in Europa, wenn auch von geringerer Qualität. An Stelle schöner Gemälde sind mitten auf den Vorhang japanische Inschriften mit eineinhalb Meter hohen chinesischen Schriftzeichen gemalt; auch die Umrandung ist wechselweise mit Schriftzeichen von kleinerer Größe und Blumen verziert. Im ganzen Theater gibt es weder Stühle noch Bänke noch Tische. Das Parterre und die erste und zweite Galerie sind mit zwei Meter langen und zwei Meter breiten Bambusmatten belegt, auf denen sich die Zuschauer auf den Fersen niederlassen.

Zuerst wurde ein dramatisches, dann heiter-burleske Stücke geboten, die so bewundernswert gut gespielt wurden, daß man auch ohne Kenntnis der japanischen Sprache alles verstehen konnte. Hier wie in China gibt es weder Regisseure noch Souffleure, denn die Schauspieler brauchen weder die einen noch die anderen. Als der Vorhang sich hob, sah man drei Kulis mitten auf einer Straße hocken und Würfel spielen. Ein Polizeibeamter ging vorbei und nahm sie fest, denn den Japanern ist es streng verboten, auf öffentlichen Straßen zu spielen. Aber die drei Missetäter verschwendeten so viele schmeichelhafte Worte an den Beamten, daß er sich schließlich dazu verleiten ließ, an ihrem Spiel teilzunehmen. Anfangs war ihm das Glück hold, und er gewann. Dadurch angespornt begann er jetzt ein Spiel mit hohem Einsatz und verlor nicht nur, was er gewonnen hatte, sondern alles Geld, das er bei sich hatte. Da er um jeden Preis alles wieder zurückgewinnen wollte, gab er seinen Fächer, seine Bluse, Mütze, Hose und Sandalen, auch sein Hemd und zuletzt sogar sein Schwert als Einsatz ins Spiel. Das Unglück wollte es, daß er alles verlor und am Ende vollkommen nackt auf dem Pflaster saß. Die drei Kulis teilten seine Kleider untereinander auf und machten sich davon. Da erschien der Stadtgouverneur. Er blieb bestürzt stehen, als er da einen seiner Beamten ganz nackt den Blicken des Publikums ausgesetzt sah. Der aber warf sich vor ihm nieder, verbeugte sich mehrmals tief und erzählte dem Gouverneur, Diebe hätten ihn überfallen und ausgeplündert. Auf den Knien flehte er ihn an, ihm den Verlust seines Schwertes zu verzeihen. Da die Gesetze in Japan sehr streng sind, gilt bei einem Beamten der Verlust des Schwertes als Entehrung, die mit dem sofortigen Tod bestraft wird. Der Mann flehte aber so lange und unter so vielen Tränen den Gouverneur um Erbarmen an, daß dieser ihm vor Rührung verzieh.

Im selben Augenblick kam eine junge Frau vorbei, die einstige Geliebte des Polizeibeamten. Er hatte sie verlassen, aller Schmuckstücke, die sie von ihrem vorigen Herrn erhalten hatte, beraubt und dieselben seiner neuen Mätresse geschenkt. Die junge Frau beklagte sich beim Gouverneur über alle seine

Verfehlungen und sagte, daß der Offizier lüge, daß er nämlich weder angegriffen noch ausgeraubt worden sei, sondern daß er das Opfer seiner Spielleidenschaft geworden sei. Voller Entrüstung und Zorn drohte ihm der Gouverneur den schimpflichen Henkerstod an, wenn er nicht augenblicklich »Harakiri« mache. Daraufhin beeilte sich die betrogene Frau, ein Schwert herbeizuschaffen. Der Polizeibeamte bedankte sich demütig beim Gouverneur für die Gnade, einen ehrenvollen Tod sterben zu dürfen. Dann sprach er ein kurzes Gebet, ergriff mit beiden Händen das Schwert und vollzog – ganz wirklichkeitsgetreu – das Harakiri, indem er in einem Meer von Blut zu Boden fiel. Sterbend bat er seine einstige Geliebte um Verzeihung und hauchte mit einem Seufzer sein Leben aus. Dann fiel der Vorhang.

Da alle Zuschauer diesen Selbstmord leichtgläubig für wahr hielten, stürzten Tränen aus aller Augen. Wie rasend rief man den Offizier auf die Bühne, und als er gesund und wohlbehalten vor den Vorhang trat, wurde er mit Freudenrufen empfangen. Ich konnte mir nicht erklären, woher das Meer von Blut kam, denn der Schauspieler trug nicht einmal einen Gürtel, in dem es hätte verborgen sein können.

Anschließend führte man mehrere satirische und ziemlich frivole Gassenhauer auf, und man hätte annehmen können, daß der Vorhang immer zu spät fiel und das japanische Publikum durch obszöne Darstellungen hätte beleidigt werden können.

Das Theater war bis auf den letzten Platz besetzt, und zwar von ebensoviel Frauen wie Männern, die alle über die Maßen belustigt waren.

Ich kann wahrhaftig nicht verstehen, wie solche Reinheits- und Heiligkeitsgefühle im Leben eines Volkes vorhanden sein können, wo nicht nur beide Geschlechter dieselben öffentlichen Bäder besuchen, sondern auch Frauen jeden Alters beim Betrachten obszöner Darstellungen ihr größtes Vergnügen finden.

Wir verließen das Theater erst gegen sechs Uhr abends, und da mich Mister Portman um sieben Uhr zum Nachtessen erwartete, ritten wir fast dauernd im Galopp. Meine Vorhut vertrieb die Menschenmenge, die die Straßen versperrte, mit dem ständigen Ruf: »Hai! Hai! Abonai!« (Vorsicht! Gebt acht!) Wir kamen daher erst um halb acht Uhr in der Gesandtschaft beim Tempel von Dsen-fu-si an. Das Losungswort dieser Nacht auf die Anfrage: »Dare?« (Wer da?) war: »Tai!« »Tai« heißt groß, und »fun« bedeutet im Japanischen und Chinesischen »Wind«, das Wort »Tai-fun« also: starker Wind oder Orkan. Ich fühle mich hier in Yedo ganz und gar wie ein Gefangener. Obwohl der Hof und die Umgebung des Gesandtschaftsgebäudes durch Hunderte von bewaffneten Polizeibeamten geschützt werden, begleiten mich, sooft ich ins Bad oder in den Stall gehe, mehrere Yakunins, obwohl sich der eine oder andere sowieso im Hof aufhält. Vergebens wehre ich mich gegen dieses auf die Nerven gehende Übermaß an Sorge, das man zu meinem Schutz aufwendet, und ich zerbreche mir umsonst den Kopf darüber, was wohl der eigentliche Grund für diese Art »Schutz« sein könnte. Dies um so mehr, weil ich ganz sicher weiß, daß mich die Beamten keinesfalls aus persönlichem Interesse auf diese peinlich-langweilige Art und Weise überwachen; denn die schwerste Beleidigung, die man ihnen antun könnte, wäre, ihnen Geld anzubieten, und sie würden eher Harakiri begehen, als eine Vergütung anzunehmen. Wenn mir aber schon während der wenigen Tage, die ich in Yedo zubringe, dieser übertriebene Dienst um meine Person zur Last fällt, wie sehr ist dann erst mein erlauchter Gastgeber, der Geschäftsträger Mister Portman, zu bedauern, der noch viel mehr überwacht wird und nicht auf die Straße gehen kann, ohne von zwei Polizeibeamten als Vorhut und drei als Nachhut begleitet zu werden.

Gestern, am 27. Juni, machte ich mich am frühen Morgen mit fünf Yakunins auf den Weg, um die berühmte Baumschule von Dangozaca sowie den Park und die bekannten »Teegärten« von Od-si zu besuchen. Den Rückweg wollte ich über den Tempel von Asaksa-Quannon nehmen, den ich noch einmal zu sehen wünschte. Es war ein Ausflug von mehr als 35 englischen Meilen, und ich mußte mich beeilen, wenn ich genug Zeit haben wollte, alles genau anzusehen und mir Notizen zu machen.

Zunächst ritten wir im Galopp durch eine Anzahl Straßen und über öffentliche Plätze, die von Palästen der Daimios umsäumt waren. Danach kamen wir auf die schöne Allee, die an dem langen Graben um den kaiserlichen Palast entlangführt. Dieser Wassergraben ist immer von einer großen Schar wilder Vögel bevölkert, darunter viele Gänse und Enten. Sie fühlen sich hier so sicher, daß sie anscheinend nichts erschrecken und verscheuchen kann, denn niemand wagt sie zu töten oder auch nur zu belästigen, weil darauf die Todesstrafe steht.

Unterwegs begegneten wir mehreren Aufzügen der Daimios oder deren Familienmitglieder. Sie wurden in großen überdachten, schwarzlackierten Sänften getragen; vor und hinter ihnen eine große Zahl von Trabanten zu Fuß und zu Pferd, alle mit zwei Schwertern bewaffnet. Sie trugen lackierte und vergoldete Bambushüte und himmelblaue Waffenröcke, die auf dem Rükken in großen chinesischen Schriftzeichen den Namen und Rang des Herrn bekanntgaben. Dunkelfarbige enge Hosen, blaue Strümpfe und Sandalen vervollständigten ihre Kleidung. Sie sahen eindrucksvoll aus und bildeten einen imposanten Aufzug. Am Ende dieser Prozessionen gingen immer zehn oder zwölf Kulis, die an Bambusstangen das in schwarzes Ölpapier gehüllte Gepäck trugen.

Vom nördlichsten Ende von »Siro« (so nennt man die Paläste des gegenwärtigen weltlichen Kaisers), von wo aus man eine prächtige Aussicht auf Yedo hat, führte dann unser Weg in die Unterstadt von Midsi und durch ihre bedeutendsten Geschäftsviertel. In den Straßen war ein derartiges Menschengedränge, daß die Rufe meiner Vorhut: »Hai! Hai! Abonai!« nicht die geringste Wirkung hatten. So waren wir gezwungen, unsere Pferde im Schritt gehen zu lassen, um nicht irgendeinen Unfall zu verursachen.

Dann setzten wir die Pferde wieder in Trab und ritten durch die Viertel, in denen sich die Paläste der Daimios befinden. Unter ihnen ist an seiner Größe der Palast des Feudalherrn Kanga-Maida Kaga-no-Kami zu erkennen, der als der reichste Mann in Japan gilt. Darauf kamen wir in die großen Landhausviertel. Jedes Landhaus liegt in einem schönen Garten, der zum großen Teil mit Zwergbäumen und anderen seltenen Gewächsen bepflanzt ist. Nach einem zweieinhalbstündigen Ritt kamen wir in Dangozaca an, der berühmten Baumschule, die am Hang eines Hügels liegt, auf den eine große Treppe aus Granit führt und wo zahlreiche Felsnachbildungen aufgestellt sind. Es gibt hier massenweise Zwergbäume aller Art, die kunstvoll in großen Blumentöpfen herangezogen und durch Bambusschnüre klein gehalten werden. Unter anderem findet man Kiefern, die kaum anderthalb Meter hoch sind und deren waagrecht stehende Äste Schirme von sechseinhalb Meter Durchmesser bilden. Außerdem sieht man viele Bäume, denen die Kunst des Gärtners die Gestalt von Tieren, wie zum Beispiel Tigern, Kamelen, Elefanten usw., zu geben wußte. Das Wunderbarste aber war eine Kiefer, die, dadurch daß sich zwölf Stämmchen neun oder zehn Zoll über dem Boden vereinigten, die Gestalt eines Frosches erhielt; desgleichen ein Orangenbäumchen, das nicht höher als 60 Zentimeter war, dessen Stamm aber durch ständiges Beschneiden der Zweige fünf Zoll dick war.

Der Teil Yedos, den man vom Hügel von Dangozaca aus erblickt, hat das Aussehen von zwei mitten in einem Wald liegenden riesigen Städten.

Wir setzten unseren Weg quer durch schöne Gärten und Parks fort bis zu dem reizenden Dorf Od-si, das durch seine »Teegärten« berühmt ist und am Ufer eines Flusses liegt, der hier einen herrlichen Wasserfall bildet. Auf der anderen Seite dieses Flusses erhebt sich ein etwa 33 Meter hoher Hügel mit einem wundervollen Bambuspark mit riesigen Bäumen. Ich bestieg den Hügel mit meinen unermüdlichen Yakunins auf einer Granittreppe und fand mitten im Park den berühmten Tempel Gongen-sama-notera, der von Hiēas erbaut wurde, dem Begründer der gegenwärtigen Taikun-Dynastie. In diesem Heiligtum hängen gerahmte Vogelbilder und Porträts von Kurtisanen, die wegen ihres Charmes berühmt sind. Außerdem gibt es hier schöne Holzplastiken von Vögeln und Bäumen, Bronzevasen, Gegenstände aus lackiertem Holz und vier zwei Meter hohe Bronzelaternen, die die Form von fantastischen Türmchen haben und bewundernswert gearbeitet sind. Vor dem Eingangstor befindet sich ein großer Gong aus Bronze und eine Vorhalle mit zwei riesigen roten Götterstatuen. Schöne Alleen führen durch den prächtigen Park. Beim Abstieg ging ich in eine der Baumschulen mit Zwergbäumen und stieß dabei zufällig auf ein Häuschen, das nur einige Fuß hoch war und als Heiligtum oder kleiner Tempel dient. Es enthielt nichts außer zwei schlechten Gemälden von zwei Hunden, die an einem Feuer Wache halten. Der Garten scheint am äußersten Ende der großen Stadt zu liegen, denn es sind von hier aus in der weiten Ebene nichts als Reisfelder zu sehen.

Ich besuchte mit meinen fünf Argussen einen der zahlreichen und herrlichen »Teegärten« am Ufer des Flusses. Hier hatte ich das Frühstück bestellt, bevor wir zum Tempel hinaufgegangen waren. Diese »Teegärten« sind zweistöckige Holzhäuser, die vor Sauberkeit glänzen. Die polierten oder lackierten Fußböden sind mit Bambusmatten mit Seidenborten belegt. Wie überall in Japan sind keinerlei Möbel vorhanden. Das Bedienungspersonal besteht aus zahlreichen jungen Mädchen im Alter von 12 bis 17 Jahren. Sie sind von erlesener Schönheit, kokett in lange Gewänder gekleidet, die mit einem breiten Gürtel derart zusammengehalten werden, daß der darunter befindliche Teil des Gewandes der Trägerin kaum das Gehen erlaubt – ganz im Gegensatz zu unseren Reifröcken. Die Mädchen tragen Holzsandalen, die sie stets vor den mit Matten belegten Zimmern ablegen. Ihre Frisuren sind wahre Meisterwerke der Frisierkunst. Sobald ein Gast eintritt und sich auf den Fersen niederläßt, kommt eine der jungen Sirenen und bringt ihm mit einer tiefen Verbeugung eine Tabakspfeife und ein kleines lackiertes Holzkästchen, in dem zwei Bronzedosen sind. In dem einen befindet sich Tabak, in dem anderen Asche mit glühenden Kohlestücken. Währenddessen überreicht ihm eine andere Schöne, ebenfalls mit einer tiefen Verbeugung, auf einem lakkierten Holztablett, auf dem in Gold der Vulkan Fudschijama oder Störche gemalt sind, eine kleine Schale mit grünem Tee, ohne Zucker und Milch. Die Teehäuser sind von Blumengärten umgeben, die bis ans Flußufer reichen und in denen sich schöne offene Pavillons und Zwergbäume befinden. Um uns von den anderen Gästen abzusondern, führte man uns in einen dieser Pavillons, von dem aus man in geringer Entfernung den Wasserfall sehen konnte.

Eine der jungen Damen servierte mir in rotlackierten Holzschalen Reis, rohen und gekochten Fisch in einer wohlschmekkenden Sauce, Hummer, Meerespflanzen, Bambusschößlinge, die Spargeln ähnlich sind, und hartgekochte Eier. Dann wurden in einer tulpenförmigen Zinnvase kalter Sake und anstelle eines Glases eine kleine Porzellanschale gereicht. Da es mir nicht gelang, mich auf japanische Weise auf die Fersen zu setzen, nahm ich mein Frühstück halbliegend auf der Bambusmatte ein. Eine andere junge Frau bediente meine fünf Yakunins mit Reis, rohem und gekochtem Fisch sowie eingelegtem Gemüse und brachte nacheinander mindestens sechs Teekannen voll heißen Sake, den diese Männer dem kalten vorziehen. Dann legte man mir die Rechnung vor, die sechs Itzebu (15 Francs) betrug.

Nach dem Frühstück ritten wir in der gewohnten Ordnung weiter zum Tempel von Asaksa-Quannon. Die Straßen säumten fast ohne Unterbrechung Landhäuser, Baumschulen und Gemüsegärten. Das einzig Interessante, das ich unterwegs sah, waren eine Schmiede und eine japanische Schule. Ich ging in beide hinein, um sie mir aufs genaueste anzusehen.

Das Schulzimmer war in seiner ganzen Länge zur Straße hin offen, und es gab natürlich weder Bänke noch Tische. Etwa 60 Knaben im Alter von vier bis sechs Jahren hockten auf dem mit Matten bedeckten Fußboden. Jeder hielt eine Papierrolle in der Hand, auf die er die japanischen Worte und Laute nachmalte, die der Lehrer in chinesischen Schriftzeichen mit weißer Kreide auf eine schrägstehende schwarze Tafel schrieb.

Der Lehrer hieß mich im Namen der Schule willkommen; doch wegen der gegenseitigen Verständigungsschwierigkeiten war unsere Unterhaltung weder lang noch interessant. Dennoch verstand ich, daß man auf Grund der komplizierten Art der verschiedenen japanischen Schriftzeichen die Jugend zunächst das Japanische mit chinesischen Schriftzeichen zu schreiben lehrt.

Was meine Aufmerksamkeit in der Schmiede auf sich zog, war ein doppelter Blasebalg von ebenso genialer wie einfacher Konstruktion. Er besteht aus einem 1,16 Meter langen, 39 Zentimeter breiten und 42 Zentimeter hohen geschlossenen Kasten, der der Länge nach auf dem Boden steht. Für den Eintritt der Luft sorgen zwei Ventilklappen, die eine auf der Vorder- die andere auf der Rückseite. Am Boden des Kastens befindet sich ein Loch, das durch eine unterirdische Röhre mit der Feuerstelle verbunden ist, einem großen, acht Zentimeter tiefen Loch mitten in der Schmiede. Vor dem Kasten sitzt ein Junge, der nichts anderes tut, als durch Vorstoßen und Zurückziehen des Fußes die Pumpe im Kasten zu bewegen, und dabei strömt die Luft jedesmal aus dem Kasten in die unterirdische Röhre und facht das Feuer in der Esse an.

Ich verweilte einige Stunden im Tempel von Asaksa-Quannon und auf den Vergnügungsplätzen, die ihn umgeben. Dann kehrte ich in die Gesandtschaft der Vereinigten Staaten beim Tempel von Dsen-fu-si zurück. Das Kennwort der letzten Nacht war auf die Frage: »Dare?« (Wer da?) »Musmé« (Frau).

Um halb fünf Uhr morgens wurde ich durch das Glockenläuten geweckt, das, wie jeden Tag um diese Stunde, die Priester zum morgendlichen Gottesdienst in den Tempel rief. Ich zog mich eilends an, um der Zeremonie beizuwohnen.

Kaum hatte ich mein Zimmer verlassen, wurde ich von drei Yakunins angesprochen, die mich zum Tempel begleiteten. Der Gottesdienst verlief auf die gleiche Weise wie im Tempel von Asaksa-Quannon. Ein Priester in langem Purpurgewand verrichtete den Gottesdienst vor dem Altar, auf dem eine Menge Wachskerzen brannten. 20 andere Priester saßen auf ihren Fersen und sangen Hymnen in Sanskrit. Alle japanischen Priester rasieren sich den Kopf und haben Ehelosigkeit gelobt. Die ursprüngliche Religion des Landes, der Schintoismus, wird noch immer praktiziert. Vor 1300 oder 1500 Jahren führte man außerdem aus China die Lehren des Konfuzius ein und zuletzt im siebten Jahrhundert unserer Zeitrechnung den Buddhismus. Letzterer ist gegenwärtig die vorherrschende Religion.

Ich brach an diesem Morgen um halb acht Uhr in Begleitung von sechs Polizeibeamten auf; einer verließ mich später. Sechs Pferdeknechte folgten uns – wie immer – auf Schritt und Tritt.

Wir begaben uns unmittelbar zum Tempel von Scangava-Hatsiman und gelangten durch Stadtteile, die ich bis jetzt noch nicht besucht hatte.

Wir kamen, fast die ganze Zeit in der Nähe des Hafens, durch Straßen, an denen Paläste der Daimios standen. Dann ritten wir durch mehrere große Geschäftsviertel und überquerten auf der Yetai-Bassi-Brücke den Fluß O-Kava ganz in der Nähe seiner Mündung. Um viertel vor zwei Uhr erreichten wir den Tempel Scangava-Hatsiman. Er ist einer der schönsten in Yedo. Wir traten durch ein mächtiges Granitportal, von dem aus ein mit großen Steinfliesen belegter Weg über den weiten

Hof und durch verschiedene Torbauten geradewegs zum Tempel führt.

Der aus Holz erbaute Tempel erhebt sich auf einer Art Chubutra oder Steinsockel. Rechts und links vor dem Gebäude stehen ein Löwe und auf einem 2,50 Meter hohen Säulenfuß eine prächtige Laterne aus Granit mit Papierfenstern. Einige Schritte weiter befinden sich auf 60 Zentimeter hohen Granitsockeln zwei 2,60 Meter hohe, mit Drachen und Inschriften geschmückte Bronzelaternen. Rechts daneben steht eine zwei Meter hohe Glocke, die mit Hilfe eines horizontalen Balkens geläutet wird. Der Tempel ist mit schönen Holzplastiken ausgestattet, und Malereien mit Störchen zieren Decke und Wände. Das Heiligtum ist zweiteilig und hat mehrere Altäre, Götterstatuen, Bronzelöwen, lackierte Holzschalen, silberne Vasen, vergoldete Lotosblumen usw. Bei meinem Gang durch den Tempel folgten mir viele Menschen, die ständig »Todsin! Todsin!« riefen. Hinter dem Tempel erblickte ich auf dem Wipfel eines dürren Baumes ein Storchennest.

Von hier aus begab ich mich mit meiner Begleitung zum Tempel von Sakee-Benten. Neben dem Gebäude steht auf einem ein Meter hohen Sockel ein Daibuts (männliche Gottheit) aus Bronze, der auf den Fersen sitzend dargestellt ist und 2,20 Meter groß ist.

Nahe beim Tempel, am Ufer, liegt ein schöner »Teegarten«. Wir tranken einen wohlschmeckenden Tee in einem Pavillon, von dem aus wir eine prachtvolle Aussicht auf den Hafen hatten und auf benachbarte Gärten mit Kiefern, deren Äste durch die Kunst des Gärtners alle waagrecht vom Stamm abstanden. In diesem Teegarten gibt es auch ein Fernrohr japanischer Herstellung; doch sieht man mit bloßen Augen mehr als durch dieses Instrument. Ich kehrte über die zweite Brücke, die Liogoku-Bassi heißt, wieder in die Gesandtschaft zurück.

Nach dem Frühstück besuchte ich den Park des Tempels von Akabanē, der früher als japanischer Friedhof diente und bemerkenswert ist, weil sich hier das Grab Henry Heuskens befindet, des Dolmetschers bei der Gesandtschaft der Vereinigten Staaten. Er wurde in Yedo am 19. Januar 1860 ermordet und ist der einzige Christ, der hier beerdigt wurde. Er ist ohne Zweifel auch der einzige Ausländer, dem es je gelang, fehlerfrei Japanisch zu lesen und zu schreiben. Und eben diese vollkommene Beherrschung der Sprache war der Grund für seinen Tod, denn die Japaner befürchteten, daß er zu viel wußte und die Geheimnisse ihres Regierungssystems enthüllen könnte. Für das Volk ist der Friedhof entehrt, seit Henry Heusken auf ihm begraben liegt, und darum ist das Grab gegenwärtig gänzlich vernachlässigt.

Die japanische Gesellschaft ist in sechs verschiedene Klassen oder Kasten unterteilt. Die drei oberen unterscheiden sich nur geringfügig voneinander, die drei unteren sind aber fast ebenso streng voneinander getrennt wie die Kasten der Hindus in Indien. Die erste Klasse bilden die Samurai (Adeligen), die große Vorrechte besitzen und zwei Schwerter tragen. Die zweite Klasse ist die der Bosans (Literaten), der die Priester und Ärzte angehören, die ebenfalls berechtigt sind, zwei Schwerter zu tragen. In die dritte Klasse reiht man die Fischer, Handwerker, Seeleute, Kaufleute und Bauern ein. Keiner von dieser Klasse darf mit irgendeinem der ersten Klasse sprechen, ohne sich vor ihm auf die Knie zu werfen. Die vierte Klasse ist die der Hettas (Leute, die Blut vergießen); dazu gehören die Scharfrichter, die Schinder und Gerber, die alle als unrein angesehen werden und außerhalb der Städte wohnen müssen. Sie werden von einem Dan-saiman (»König«) regiert, der in Yedo wohnt und einen beträchtlichen Tribut an den Taikun zahlt. Die fünfte Klasse ist die der Kotsedjikis (Bettler), die in vier Gruppen mit jeweils einem Anführer in Yedo unterteilt wird. Eine dieser Gruppen umfaßt nur degradierte ehemalige Adelige, die ihr Gesicht aus Scham über die elende Lage, in die sie gestürzt sind, unter einem riesengroßen röhrenförmigen Bambushut, der 66 bis 70 Zentimeter hoch ist und auf den Schultern aufsitzt, verbergen. Der Staat schützt die Unglücklichen vor dem Erkanntwerden, und es ist bei Todesstrafe verboten, ihre Hüte anzuheben. Die sechste Klasse ist die der Kristens (Christen); das sind die Abkömmlinge derjenigen Japaner, die um die Mitte des 17. Jahrhunderts das Christentum annahmen und 1684 niedergemetzelt wurden. Man schonte damals das Leben ihrer Kinder, die in der buddhistischen Religion erzogen wurden. Obwohl auch ihre Nachkommen dem buddhistischen Glauben anhängen und keinerlei Vorstellung vom Christentum haben, werden sie abgrundtief verachtet, als unrein angesehen und gezwungen, ein von Yedo abgesondertes Viertel zu bewohnen.

Da es in Japan kein Personenstandsregister gibt und die Regierung keine Volkszählung veranlaßt, ist es sehr schwer, auch nur annäherungsweise die Einwohnerzahl von Yedo festzustellen, die auf zweieinhalb bis drei Millionen geschätzt wird.

Der Geschäftsträger Mister Portman, der das Land in seiner Eigenschaft als Sekretär des Kommandeurs Perry im Jahre 1854 bereist hat und seit 1859 dauernd in Yedo wohnt, glaubt, daß die Einwohnerzahl dieser Hauptstadt zweieinhalb Millionen nicht übersteigt und sich wie folgt zusammensetzt:

Beamte, Bedienstete und Soldaten, die zum kaiserlichen Hause gehören	225 000
Daimios und ihre Trabanten	600 000
Hettas, Bettler und Christen	50 000
Geistliche und Ärzte	225 000
Kaufleute, Handwerker, Fischer, Bauern und Seeleute	1 100 000
Pilger und Reisende	200 000
Kurtisanen	100 000
Insgesamt	2 500 000

Die Bevölkerung ist rein japanisch, und die einzigen Fremden, die sich gegenwärtig in Yedo aufhalten, sind der diplomatische Geschäftsträger Mister Portman und ich. Aber im Verhältnis zu den drei dem ausländischen Handel geöffneten Meereshäfen haben die ausländischen Nationen nur einen sehr geringen Anteil an der Bevölkerung aufzuweisen. So beträgt die Anzahl der Ausländer:

In Yokohama ungefähr	200
In Nagasaki ungefähr.	100
In Hakodate ungefähr	15
Das sind für Japan insgesamt	315

Sie bewohnen in Yokohama ein separates Viertel nahe am Meer. Ihre Häuser sind zweistöckig, haben Fensterscheiben und sind unten mit Veranden, im oberen Stock mit Galerien versehen. Alle stehen inmitten schöner, mit Blumen und Bäumen bepflanzter Gärten. Unter allen Gärten fällt der meines jungen Freundes Mister W. Grauert besonders auf durch die vielen Palmen, Koniferen und Kamelien. Die Möblierung seines Hauses zeugt in allem vom guten Geschmack und Talent des Hausherrn, wie auch von der Genialität seines japanischen Schreiners, der alle Möbel nach den Entwürfen von Mister Grauert hergestellt hat, ohne je einmal eines der im Lande völlig unbekannten Möbelstücke in natura gesehen zu haben.

Ich sehe voraus, daß nach meiner Rückkehr nach St. Petersburg meine Freunde mich fragen werden, wie ich als Europäer über die Zivilisation in Japan denke, dann muß ich die Gegenfrage stellen: »Was versteht ihr unter dem Wort Zivilisation?« Wenn man darunter eine rein materielle versteht, würde ich sagen, daß die Japaner sehr zivilisiert sind, denn im Kunstgewerbe haben sie den höchsten Perfektionsgrad erreicht, der ohne Hilfe der Dampfmaschine überhaupt möglich sein kann. Zum andern ist die Schulbildung hier viel allgemeiner als bei den zivilisierten Nationen Europas, während alle anderen Völker Asiens, selbst die Chinesen, ihre Frauen in völliger Unwissenheit halten, gibt es in Japan weder Männer noch Frauen, die nicht wenigstens die Landessprache in japanischen und chinesischen Schriftzeichen lesen und schreiben können. Versteht man aber unter dem Wort »Zivilisation« das Weitergeben und Bewahren dessen, was in der Religion – so wie die Christen sie auffassen – an lebendigen Kräften vorhanden ist, um die höchsten Gefühle und Sehnsüchte des Herzens und die edelsten Anlagen des Verstandes anzuregen, um den Aberglauben auszurotten und Toleranz zu üben, wenn man das unter Zivilisation versteht, dann sind die westlichen Nationen denen im Osten in der Entwicklung weit voraus. Im übrigen habe ich auf den vorangegangenen Seiten die Ursachen und Gründe dargelegt, die sich notwendigerweise bei den Japanern der Entfaltung edler Gefühle entgegenstellen, Gefühle, die die Anwendung der erhabensten Tugenden, die man für den höchsten Ausdruck der Zivilisation halten kann, bewirken. Doch gibt es noch andere Gründe, die die Moral dieses Volkes gewaltsam auf einem niedrigen Stand halten. Das ist zunächst die repressive Tendenz der Feudalherrschaft, die den Gebrauch der freien Kräfte einschränkt und unterdrückt. Zum andern ist es das unglückselige geheime und offene Spitzel- und Spionagesystem, auf das die ganze Regierung des Taikun mit ihrer mächtigsten Waffe, der Denunziation, gegründet ist. Nie geht ein Regierungsbeamter allein; stets ist er von einem Ometzki (einem Auge, das alles sieht, oder Spion) begleitet, der alles, was er tut, überwacht und darüber der Regierung berichtet. Seit ich hier bin, kam jeden Abend einer der japanischen Amtsvorsteher in Geschäften zu Mister Portman und jedesmal wurde er selbst von einem ihn überwachenden Ometzki begleitet. Dieses Spitzelsystem, das einem kunstvoll gesponnenen Netz gleicht, ist über alle Familien der zwei oberen Klassen ausgebreitet, sät Mißtrauen ins Volk und macht sowohl Aufrichtigkeit wie Ehrbarkeit unmöglich. So ist es nur natürlich, daß die Verstellung bei den Japanern mehr als eine schlechte Angewohnheit geworden ist, weil sie eine Institution ist und einer normalen Entwicklung den ganzen Mechanismus ihres Regierungs- und Verwaltungssystems als Stempel aufdrückt.

Der Kaiser hat in bezug auf die Verbindungen mit dem Ausland die besten Absichten. Er möchte gern dessen Einfluß und Aktivitätsbereich vergrößern, weil er recht wohl sieht, daß es sowohl den Interessen der Landwirtschaft als auch dem Staat dienlich und für Japan von großem Nutzen sein würde. Unglücklicherweise üben aber die Daimios oder Feudalherren die Kontrolle aus, und sie sind die eigentlichen Herren des Landes und fragen nur nach ihren eigenen Interessen. Diese Fürsten sind klug genug zu erkennen, daß die Erweiterung der Handelsbeziehungen unfehlbar die Fremden von Tag zu Tag mehr mit den Japanern in Berührung brächten und daß der geistige und moralische Fortschritt wesentliche Veränderungen zur Folge haben würde, zu denen in erster Linie die Zerstörung ihrer mißgünstigen und restriktiven Feudalherrschaft gehören würde. Das ist der alleinige Grund ihrer beharrlichen Feindseligkeit gegenüber dem Aufkommen und der weiteren Entwicklung der ausländischen Beziehungen. Die Daimios sind es auch, die dauernd das Volk gegen die Fremden aufwiegeln und seit langem die Öffnung des Hafens von Yedo verhindern. Die japanische Regierung wäre nicht imstande, die Ausländer, die sich hier niederlassen würden, zu schützen. Deren Leben könnte nur durch eine starke ausländische Armee gesichert werden, die dicht bei den Häusern der Ausländer untergebracht sein müßte und gezwungen wäre, Tag und Nacht starke Patrouillen durch die Straßen zu schicken.

Selbst eine im Hafen von Yedo stationierte machtvolle ausländische Flotte könnte nicht verhindern, daß die neuen fremden Einwohner allesamt niedergemacht würden, denn auf Grund der geringen Wassertiefe des Hafens könnten die Schiffe höchstens vier bis fünf Meilen von der Küste entfernt ankern, und nicht einmal das kleinste Boot würde bei Ebbe bis zur Stadt gelangen.

Natürlich würde es auch keiner der durch Verträge zugelassenen Großmächte jemals einfallen, eine Armee nach Japan zu schicken, um die Handelsniederlassungen in Yedo zu beschützen, denn am Ende könnten die Kosten eines solchen Unternehmens bei weitem nicht vom Handelsgewinn gedeckt werden.

Der Handel von Japan mit Rußland und Preußen ist gleich Null, und auch der mit Frankreich, Holland und den Vereinigten Staaten ist unbedeutend. Immerhin beträgt der Handel mit England wenigstens ein Drittel des gesamten japanischen Außenhandels. Trotzdem ist das nicht einmal ein Fünfzigstel des Gesamtaußenhandels von Großbritannien. Es ist also sicher, daß England kein 30 000-Mann-Heer in Yedo unterhalten würde, selbst auf das Risiko hin, seine jetzigen Beziehungen zu Japan einzubüßen. Ich glaube, daß man schon heute für den Schutz des Handels mit Japan mehr Kosten aufwendet, als es die Erträge zulassen, da sich schon ein holländisches, sieben englische und zwei französische Kriegsschiffe im Hafen von Yokohama befinden, außerdem ein Regiment von 800 englischen und 120 französischen Fußsoldaten. Ein weiteres englisches Kriegsschiff liegt im Hafen von Nagasaki.

Sowohl wegen des ungeheuren Fallens des Seide-, Tee- und Baumwollpreises in Europa als auch wegen der immer neuen Hindernisse, die von seiten der japanischen Regierung errichtet werden und in dem Haß der Daimios ihren Grund haben, ist der Handel in Yokohama seit einem Jahr derart schleppend, daß es nur noch wenige Großhändler gibt, die ihre Geschäfte machen, und man kann höchstens drei finden, die noch Gewinne herausschlagen. Zu den letzteren gehört mein junger Freund Grauert, Sohn des berühmten Doktor Grauert in Lingen im Hannoverschen, der dank seines bewundernswerten

Fingerspitzengefühls in allem, was den Handel angeht, ausgezeichnete Geschäfte tätigt und rasch ein großes Vermögen anhäuft.

Um wenigstens eine kleine Vorstellung von den zahllosen Hindernissen zu geben, mit welchen die Regierung des Taikun, auf Anstiften der Daimios, Druck auf den Außenhandel ausübt, will ich noch folgendes anführen: Kraft der mit den ausländischen Mächten abgeschlossenen Verträge dürfen alle ausländischen Gold- und Silbermünzen in Japan in Umlauf gebracht und gegen japanische Münzen frei getauscht werden, Gewicht gegen Gewicht und gemäß dem realen Wert im Falle eines Unterschieds in der Feinheit des Metalls. Doch weit davon entfernt, auf diese vernünftige und gerechte vertragsmäßige Abmachung Rücksicht zu nehmen, läßt die japanische Regierung keine ausländischen Münzen zu außer dem mexikanischen Piaster, und selbst dieser wird nur in Yokohama, Nagasaki und Hakodate gewechselt, und zwar zum miserablen Kurs von zwei Itzebu fünf Tempo, während ihr tatsächlicher Wert mehr als drei Itzebu beträgt. Außer den anderen ungeheuren Kosten und Gebühren, die die Regierung erfindet, um den ausländischen Handel einzudämmen, macht sie auch noch beim Umtausch der einzig zugelassenen ausländischen Münze einen Nettogewinn von 34½ bis 46 Prozent zum Nachteil des ausländischen Handels, und sie begeht diesen ungeheuren Mißbrauch in offensichtlicher Übertretung der klaren Bestimmungen der Verträge. Diese Ungerechtigkeit ist nicht damit zu rechtfertigen, daß die Regierung ihre Unkenntnis über den realen Wert des mexikanischen Piasters zu ihrer Verteidigung ins Feld führt. Zudem erschwert sie die Situation für den Auslandshandel noch dadurch, daß sie allen ausländischen Diplomaten, Gesandtschaftsattachés und Konsulatsbeamten im Lande, sowie den Mannschaften der Kriegsschiffe, die im Hafen liegen, vom Admiral bis zum einfachen Soldaten erlaubt, monatlich eine gewisse Summe zum Kurs von drei Itzebu pro Piaster beim Zoll umzuwechseln. Ein Gesandter zum Beispiel kann zu diesem Kurs 2000, ein Generalkonsul 1500, ein Vizekonsul 1000 Piaster im Monat umwechseln, und dieser Unterschied verschafft den Würdenträgern einen sehr großen Gewinn zum Nachteil des Handels.

Die Großhändler von Yokohama und Nagasaki haben schon oft gegen diese unsauberen Verfahren protestiert, aber ohne jeden Erfolg.

Da ein derartiges Gebaren seitens einer Regierung in den zivilisierten Ländern als unglaublich erscheinen muß, sei hinzugefügt, daß jeder, der an meinen Worten zweifelt, nur das zweibändige Werk über Japan von Sir Alcock zu lesen braucht, der drei Jahre englischer Gesandter in diesem Lande war und selbst zugibt, große Gewinne gemacht zu haben und sogar Näheres darüber berichtet.

29. Juni. – Ich habe diese Notizen niedergeschrieben, nachdem ich der Begräbniszeremonie eines gestern abend hier verstorbenen adligen Yakunins beigewohnt hatte. Er gehörte der Wachmannschaft an, die vor der amerikanischen Gesandtschaft stationiert ist. Der Verstorbene war mit seiner Dienstuniform bekleidet, mit zwei Schwertern, einem am Gürtel befestigten Fächer und einem schwarzlackierten Bambushut auf dem Kopf. Er befand sich in einem vier Fuß hohen und zwei Fuß tiefen und breiten Sarg, der einer Hutschachtel für Frauen glich, die Beine und Arme hatte man ihm so gebogen, daß er im Sarg saß wie ein Kind im Mutterleib. Die Japaner befolgen diesen Brauch, weil ihre Religion ihnen vorschreibt, die Toten in der Lage zu begraben, die sie bei der Geburt hatten. Um den Leichnam waren mit Bohnen und anderem Gemüse gefüllte Schalen gestellt, damit die Seele in der Geisterwelt etwas zu essen hat.

Dann wurde der Sarg zugenagelt, mit einem weißen, mit Liliengirlanden geschmückten Tuch bedeckt und auf ein Podest vor den großen Altar des Tempels gestellt. Die 300 mit langen weißen Röcken bekleideten Yakunins der Gesandtschaft warfen sich vor dem Sarg auf die Knie, legten die Handflächen aneinander und beteten, während der Priester alle Kerzen auf dem Altar anzündete, Weihrauch verbrannte, eine Glocke läutete und betete. Weitere 40 Priester, die zu beiden Seiten des Sarges standen, stimmten Totengesänge in Sanskrit an. Alle waren in Weiß gekleidet. Nach der Beendigung der Totenfeier trat einer der Priester auf die Freitreppe des Tempels, öffnete einen Vogelkäfig und gab einer darin eingesperrten weißen Taube die Freiheit. Nach dieser symbolischen Handlung wurde der Sarg mit Bambusseilen umschlungen und an Bambusstangen hängend zu dem nahe beim Tempel gelegenen Friedhof getragen. Als der Sarg in die Grube hinuntergelassen war, trat jeder der Anwesenden heran und warf eine Handvoll Erde auf ihn.

In Japan ist Weiß die Farbe der Trauer; darum kann man einem Japaner keine größere Beleidigung antun, als ihm in weißer Kleidung einen Besuch abzustatten. Stirbt der Herr eines Hauses, wird sein Name auf den Aushängeschildern mit weißem Papier verhüllt.

Heute werde ich in Begleitung von fünf berittenen Yakunins nach Yokohama zurückkehren.

Der Pazifische Ozean

Auf der Fahrt von Yokohama nach San Francisco
2. September 1865

Da ich nun schon in Japan war, hatte ich den Wunsch, meine Weltreise mit einem Besuch in Kalifornien zu beenden. In Ermangelung eines Dampfbootes schiffte ich mich am 4. Juli an Bord des kleinen englischen Schiffes »Queen of the Avon« ein, dessen Bestimmungsort San Francisco war. Wir fuhren um neun Uhr morgens bei schwacher Nordbrise ab, wodurch es mir möglich war, das großartig-erhabene Panorama von Yokohama und Kanagawa und dem Vulkan Fudschijama mehrere Stunden lang zu genießen. Der Fudschijama ist mit ewigem Schnee bedeckt und scheint sich ganz in der Nähe der beiden Städte zu erheben, obwohl er 80 englische Meilen von ihnen entfernt ist. Gegen vier Uhr nachmittags erreichten wir das Lotsenboot, auf das der Lotse umstieg, der uns geführt hatte.

An Bord dieses Bootes befand sich Mister X, ein Kaufmann von Yokohama, Schotte von Geburt, der sich davongemacht hatte, um den Verfolgungen durch seine Gläubiger zu entgehen. Er bot unserem Kapitän Henry Stedford Looke 300 mexikanische Piaster (1800 Francs), wenn er ihn nach Kalifornien mitnehmen und bei den Matrosen Unterkunft und Verpflegung während der Überfahrt gewähren würde. Der Kapitän weigerte sich jedoch, da ihm am gleichen Morgen von seiten des englischen Generalkonsuls in Yokohama eine Warnung zugegangen war, sich zu hüten, dieses Individuum an Bord zu nehmen.

Gegen halb elf Uhr abends legten wir ab und gelangten zwischen dem Kap Suvaki und Kap Sagami in den weiten Pazifischen Ozean.

An Bord gab es nur zwei kleine Kabinen mit je zwei Betten; eine war von einem Amerikaner, die andere von mir belegt. Es gab noch zwei weitere Passagiere, der eine, Mister W. Satchell, Kaufmann in der Stadt Ningpo in China, mußte sich damit begnügen, auf einem Kanapee in der Kajüte zu schlafen; der andere, der bedeutende Cellist Monsieur Alexandre Desvachez aus Valenciennes in Frankreich, mußte sich mit einem Bett im Offiziersraum zufrieden geben. Die Überfahrt kostete 200 mexikanische Piaster (1200 Francs).

Alexandre Desvachez ist ein junger, sehr berühmter Künstler, der seit zehn Jahren den Orient bereist und von den Einkünften seiner Konzerte lebt. Er hat nacheinander die Inseln Madagaskar, Bourbon, Mauritius, Ceylon, Singapur, Java und Manila besucht, ebenso die Städte Bombay, Madras, Pondichery, Kalkutta, Hongkong und Schanghai, und hat, obwohl bei der tropischen Hitze von 36 bis 40 Grad niemand besonders aufgelegt ist, Konzerte anzuhören, großen Erfolg, denn seine Veranstaltungen sind immer gut besucht.

Wo ich mich auch aufhielt, ob in Indien oder China, überall sprach man begeistert von ihm als einem Wunder an Perfektion in seiner Kunst. Sein unglaubliches Talent rief ebenfalls unter der kleinen ausländischen Bevölkerung in Nagasaki und Yokohama Begeisterungsstürme hervor. So hatte am Vorabend unserer Abreise der große Virtuose sogar schon seine Violoncelli und sein übriges Gepäck an Bord gebracht, als der französische Bevollmächtigte in Yokohama, Monsieur La Roche, die dringende Bitte an ihn richtete, im großen Saal der Gesandtschaft ein Abschiedskonzert zu geben, das ebenfalls ein großer Erfolg wurde und ihm 450 Piaster (2700 Francs) einbrachte. Monsieur Desvachez ist aber nicht nur ein berühmter Künstler, sondern auch ein ebenso ausgezeichneter Reisegefährte, dessen geistreiche und witzige Einfälle mir während dieser langen und mühseligen Reise viel Spaß machten.

Über die Gesellschaft von Mister Satchell kann ich mich nur

lobend äußern, während ich dasselbe nicht von dem Amerikaner sagen kann, der früher Garkoch in Yokohama war und sich nun nach Kalifornien begab, um dort sein Glück zu machen. Er war sechs Fuß zwei Zoll groß und ein Mensch ohne jede Bildung, wild und aufbrausend, ein mächtiger Aufschneider und Zänker und ein ebenso großer Hasenfuß und Faulpelz. Obwohl ihn kaum einmal einer ansprach, suchte er nichtsdestoweniger jede Gelegenheit, um Dispute anzufangen. Ständig beschwor er die Hölle und stieß fürchterliche und wütende Drohungen aus, den zu töten, der es wage, ihm zu nahe zu kommen. Ging dann aber einer, und sei es auch der Schwächste unter uns, entschlossen auf ihn los und drohte, ihn zusammenzuschlagen, wich er feige zurück und verschwand. Man kann sich kaum etwas Peinlicheres und Unangenehmeres vorstellen, als gezwungen zu sein, sechs Wochen lang die Gesellschaft eines solchen Barbaren zu ertragen. An Bord der großen Dampfschiffe lebt man Gott sei Dank nie mit solchen Individuen zusammen, weil sie die dritte Klasse benützen, und selbst wenn sich solche in der ersten Klasse befinden, ist es bei der Großräumigkeit dieser Schiffe sehr einfach, sie zu meiden. An Bord eines kleinen Schiffes wie unserer »Queen of the Avon«, wo der Aufenthaltsraum nur zwei Meter breit und vier Meter lang ist, hat man keine Möglichkeit, sich ihrer widerlichen Gesellschaft zu entziehen.

Ich kann nur mit größtem Lob von der außerordentlichen Liebenswürdigkeit und Höflichkeit unseres braven Kapitäns Henry Stedford Looke berichten, der 49 Jahre alt ist, seit 35 Jahren zur See fährt und seit 29 Jahren Schiffskapitän ist. Er hat schon manches Mal die Meere befahren, und nichts ist interessanter als ihn erzählen zu hören von den tausend Abenteuern, die er während seines langen Seemannslebens erlebt hat. Was mich aber am meisten aufhorchen ließ und beeindruckte, waren seine Berichte über die zahlreichen Kämpfe mit Orkanen, Taifunen und Zyklonen, die er zu bestehen hatte und denen er oft nur wie durch ein Wunder entkam. So wurde er zum Beispiel siebenmal bei Orkanausbrüchen von den Wogen, die über Bord schlugen und alles, was sich auf Deck befand, mit sich rissen, ins Meer geschleudert, jedesmal aber hatte er das Glück, sich an ein Seil klammern zu können und auf diese Weise dem sicheren Tod zu entrinnen. Er ist ein Mann mit großer Erfahrung und ein gründlicher Kenner der Seefahrt. Er ist unermüdlich und zeigt eine seltene Kaltblütigkeit in schwierigen Situationen, mit einem Wort, er ist ein wahrer Schiffskapitän. Er hat nur noch eine halbe Nase und das kam so: Vor einigen Jahren hatte er einen Koch, der in sein Dienstmädchen verliebt war und auf offenem Meer verlangte, der Kapitän solle sie ihm unverzüglich zur Frau geben. Der weigerte sich aber, dies vor der Ankunft im Hafen zu tun. Daraufhin stürzte sich der Koch wütend auf ihn und biß ihm die Hälfte der Nase ab. Der Kapitän ließ den verrückten Liebhaber in Ketten legen, und als sie in St. Helena vor Anker gingen, übergab er ihn der Justiz, die ihn zu sieben Jahren Strafkolonie verurteilte.

Wie alle in ihrem Handwerk tüchtigen Männer das Talent haben, sich fähige Untergebene auszusuchen, so wußte sich auch unser Kapitän als ersten Offizier Mister John Hopper zu beschaffen, einen jungen Mann von großen Verdiensten in der Seefahrt. Dies ist um so erstaunlicher, weil er zuerst Philologie studiert hatte. Als er jedoch alle klassischen griechischen und lateinischen Autoren gelesen hatte, änderte er seinen Vorsatz und schlug die prosaische Seemannslaufbahn ein. Er hat gründliche historische und geographische Kenntnisse, ist auch sehr bewandert in der modernen Literatur – besonders in der englischen – und kennt fast alle Dramen Shakespeares auswendig, mit einem Wort, er ist ein ausgezeichneter Seemann und Gelehrter zugleich.

Der zweite Offizier, Mister Ercoin, ein Schotte, ist ein sehr praktischer und nützlicher Mann. Kam ich um halb vier Uhr morgens an Deck, um ein Bad im Meer zu nehmen, sagte er mir immer voraus, welchen Wind wir an dem Tag haben würden, und ich muß gestehen, daß er sich fast nie getäuscht hat.

Wir hatten außerdem fünf Matrosen an Bord, lauter Engländer, die treu und brav den Schiffsdienst verrichteten, und als Koch einen Eingeborenen von der Ile de France (Mauritius). Er wäre nur zu glücklich gewesen, wenn er für uns kulinarische Meisterwerke hätte zubereiten können, hatte jedoch weder das Talent noch die Mittel dazu, denn unglücklicherweise war er ein Neuling in seinem Beruf, und unsere Verköstigung beschränkte sich auf Reis, gepökeltes, stinkendes Rindfleisch, Speck, den man uns bald kalt, bald gebraten mit Pellkartoffeln servierte, und auf steinharten Biskuit. Außerdem gab es Tag für Tag Pudding zum Nachtisch; weil er aber weder Milch noch Eier noch Butter enthielt, war er stets eine unverdauliche Paste. Als große Delikatesse setzte man uns von Zeit zu Zeit eine Erbsensuppe vor. Bedient wurden wir von einem 15jährigen Jungen und einer etwa 40jährigen Magd, die lange Jahre auf der Insel Mauritius gedient hatte und verzweifelt darüber war, daß sie dort nie eine Gelegenheit zum Heiraten gehabt hatte. Nun wanderte sie nach Kalifornien aus, um sich dort einen Mann zu suchen.

Die Hälfte meiner Kabine, die zwei Meter lang und 1,33 Meter breit war, nahmen zwei übereinanderstehende Holzbetten ein; im unteren hatte ich mein Gepäck verstaut, im oberen schlief ich. Aber unglücklicherweise war das Bett zu schmal, um mich darin auf den Rücken legen zu können, und legte ich mich auf die Seite, so setzte ich mich immer der Gefahr aus, wegen des Wellengangs hinauszufallen. Neben dem Bettgestell befand sich auf der einen Seite eine kleine Kommode, auf der anderen Seite ein Waschbecken, so daß mir zum Ankleiden zwischen all diesem Mobiliar noch ein Platz von drei Fuß Länge und zwei Fuß Breite übrig blieb. So eingerichtet, ernährt und bedient, unternahm ich diese ungefähr 7000 englische Meilen lange Reise über den Pazifischen Ozean.

Unser kleines Schiff »Queen of the Avon« hatte nur 161 englische Tonnen und war ganz aus Eisen. Trotzdem hatte es 300 Tonnen japanischen Tee (jede Tonne 40 Kubikfuß) im Wert von neun amerikanischen Piastern (49,50 Francs) je Tonne geladen. Der Gesamtwert der Schiffsfracht, einschließlich der Fahrtkosten für die Passagiere, betrug also 3540 amerikanische Piaster oder 19 470 Francs. Das ist ein sehr hoher Betrag, wenn man bedenkt, daß die »Queen of the Avon« nicht ganz so groß war wie die kleinen Schiffe, auf denen Südfrüchte aus Messina importiert werden.

Der Reisende, ob an Land oder an Bord eines Dampfschiffes, bittet Gott immer um schönes Wetter; während der Reisende auf einem Segelschiff nie versäumt, den Allmächtigen um schlechtes Wetter zu bitten, denn nur bei schlechtem Wetter ist ein starker Wind zu erhoffen. Für ebenso ungünstig hält man es auf einem Segelschiff, wenn das Barometer steigt; fällt es aber, dann beglückwünscht man sich. In dieser Hinsicht waren wir während der ganzen langen Reise wenig vom Wetter begünstigt. Obwohl wir 30 Tage lang in dichten Nebel eingehüllt waren, gilt dies für einen Seemann nicht als Schlechtwetter, da das Barometer dann nicht fällt. Kaum drei oder vier Tage gab es eine kräftige Brise, kein einziges Mal einen tüchtigen Sturm, und auf der ganzen Überfahrt habe ich keine Wellen gesehen, die höher als 20 Fuß waren. Ich muß bei dieser Gelegenheit auf den ungeheuren Irrtum hinweisen, den man in vielen Beschreibungen von Seefahrten antrifft, die die Verfasser nur dann für glaubhaft halten, wenn sie Lügen erzählen. Wenn sie Stürme beschreiben, heißt es häufig: »Wogen, die ungeheuren Gebirgszügen glichen, hoben uns in einem Augenblick bis in die Wolken und warfen uns einen Augenblick später in den tiefsten Abgrund zurück.« Durch solche Beschreibungen wäre derjenige, der noch nie einen gewaltigen Sturm auf dem Meer erlebt hat, gezwungen zu glauben, die Elemente ließen Wogen entstehen, die 4000 Fuß hoch seien. Die höchsten Wellen, die ich bei den furchtbarsten Orkanen im Indischen, Pazifischen und im Atlantischen Ozean gesehen habe, waren höchstens 40 englische Fuß hoch, wenn man vom Wellental zum Wellenberg deren Höhe schätzt. Unser tüchtiger Kapitän versicherte ebenfalls, nie höhere erlebt zu haben. Da aber das Wellental unter Niveau des Meeres liegt und der Wellenberg darüber, so kann ich versichern, daß die höchste Woge nie mehr als 20 Fuß über Meeresniveau erreicht.

Während der ganzen Überfahrt hatten wir fast immer Wind von Süd, Südwest, West, Nord oder Nordwest – nämlich günstigen. Er war aber selten kräftig genug, uns zwei Längengrade täglich voranzutreiben. Da der Kapitän glaubte, im Norden wehten stärkere Winde, steuerte er das Schiff dauernd Nordnordost, bis wir am 155° westlicher Länge in Höhe von 43° 19′ nördlicher Breite anlangten, dann hielt er das Steuerruder ständig auf Ost oder Südost. Die Temperatur, die am Tag unserer Abfahrt in Yokohama, am 4. Juli, 23¾ Grad im Wasser und 27¾ Grad in der Luft betrug, sank auf dem Meer sehr rasch, und ab dem 18. Juli, an dem wir uns auf 164° 52′ östlicher Länge und 38° 42′ nördlicher Breite befanden, bis zum 8. August, an dem wir 148° 23′ westlicher Länge und 43° 3′ nördlicher Breite erreichten, hatten Luft und Wasser höchstens 13° Wärme. Von diesem Zeitpunkt an stieg die Temperatur langsam, bis sie am 17. August auf 133° westlicher Länge und 39° 41′ nördlicher Breite 20½° sowohl im Wasser wie in der Luft betrug, und dies änderte sich bis zu unserer Ankunft in San Francisco nicht mehr. Ich glaube, es ist nicht nötig zu berichten, daß wir in der weiten, eintönigen Einsamkeit des grenzenlosen Ozeans wenig Ablenkung hatten, weil der Pazifische Ozean in diesen Breiten selten befahren wird. Wir begegneten keinem Schiff vor 133° 9′ westlicher Länge. Was meine Aufmerksamkeit am meisten auf sich zog, waren ausgedehnte purpurfarbene Materienschichten von etwa ein bis zwei Fuß Dicke, die wir zwischen dem 152° und dem 180° östlicher

Länge fortgesetzt durchfuhren. Der Kapitän und die Offiziere meinten, daß das Fischlaich sei. Ich hielt dies für unmöglich im Hinblick darauf, daß der ganze Ozean damit bedeckt zu sein schien, weil ich öfters Schichten bemerkte, die sich meilenweit ausbreiteten. Ich versuchte darum mit Hilfe eines an einem Seil befestigten Eimers eine Probe herauszufischen, und es gelang mir auch, eine ausreichend große Menge zu schöpfen. Wie groß war aber mein Erstaunen, als ich sah, daß das, was wir für eine unförmige Materie gehalten hatten, eine Anhäufung fischähnlicher Insekten etwa in Flohgröße war. Da ich aber keinen Weingeist bei mir hatte, war ich gezwungen, sie zu trocknen. Ich fischte eine Masse dieser Tierchen auf, um sie dem Museum in St. Petersburg zu übergeben. In jedem Eimer, den ich aus dem Meer schöpfte, befand sich eine Menge roter Insekten und weißer Fischeier mit einem schwarzen Punkt in der Mitte. Die getrockneten Insekten und Eier waren aber bald nicht wiederzuerkennen.

Vom 180° östlicher bis zum 144° westlicher Länge sahen wir dauernd rings um uns an der Meeresoberfläche Millionen von merkwürdigen schalenlosen Schnecken, die mit einer Art Haube ausgestattet waren, die ihnen als Segel diente. In der Seemannssprache werden diese Tiere in Frankreich »Galeeren«, in England »portugiesische Krieger« genannt. Sie haben eine Menge kurzer Füße, mit denen sie stechen, und ihr Stich ist fast so giftig wie der des Skorpions. Ich habe mehrere Exemplare getrocknet.

Wir begegneten außerdem zwischen dem 170° östlicher Länge und dem 170° westlicher Länge öfters großen Massen von »Barnacles« (Seepocken), von denen sich Hunderte in Trauben aneinandergehängt hatten und auf diese Weise ein Ganzes bildeten, das einer Ananasfrucht ähnlich war. Wir sahen auch eine große Anzahl riesiger Wale, mitunter vier auf einmal, jedoch nur zwischen dem 170° Ost und dem 144° West. Diese Tiere kommen immer wieder an die Meeresoberfläche, um zu atmen. Haifische, von denen die Meere in den Tropen wimmeln, sind in diesen Breiten des Pazifischen Ozeans sehr selten, und ich glaube, daß wir kaum ein halbes Dutzend während der ganzen Reise zu Gesicht bekommen haben. Allem Anschein nach waren sie nicht hungrig genug, um sich unserem Schiff zu nähern. Den Hai erkennt man leicht an der spitzen Rückenflosse, die über die Wellen aufragt. In allen Breiten haben wir Tümmler angetroffen; manchmal sahen wir Herden mit 500 bis 1000 Tieren.

Was die Meeresvögel betrifft, so waren wir ständig von einer großen Anzahl Albatrosse begleitet, die die Größe einer Gans haben. Meine Reisegefährten holten eine Menge dieser Tiere aus dem Wasser, indem sie ein Stück Speck an einen Angelhaken hingen. Man bereitete sie uns hin und wieder als Mahlzeit zu. Da der Albatros ein Raubvogel ist, schmeckt sein Fleisch schlecht. Ich habe mich nicht dazu entschließen können, davon zu essen. Immer wieder sahen wir auch kleine, den Schwalben ähnliche Vögel, von den Matrosen »Satane« (Sturmschwalben) genannt. Sie stoßen durchdringende Schreie aus, die besonders bei Nacht zu hören sind.

Man hat bisher im Pazifischen Ozean zwischen Japan und Kalifornien noch keine Tiefenmessungen gemacht, nimmt aber an, daß die durchschnittliche Tiefe mindestens neun Kilometer beträgt.

Am Mittwoch, dem 26. Juli, befanden wir uns auf 40° 37′ Breite und 180° östlicher Länge auf dem Antipoden von Greenwich, und folglich hatten wir – nach Einteilung der Erdkugel – das Datum um einen Tag zurückzuverlegen und den nächsten Tag auch als Mittwoch, den 26. Juli, zu zählen.

Am 7. August zwischen viertel vor zehn und elf Uhr vormittags passierten wir auf 43° 9′ und 149° 42′ 27″ West den Antipoden von St. Petersburg.

BIOGRAPHISCHE ANGABEN ZU HEINRICH SCHLIEMANN

1822 Am 6. Januar als Sohn eines protestantischen Pastors in Neubukow im Großherzogtum Mecklenburg-Schwerin geboren.

1823–36 Jugendjahre in Ankershagen (Mecklenburg-Schwerin).

1831 22. März Tod der Mutter.

1833–36 Besuch des Gymnasiums, dann der Realschule in Neustrelitz.

1836–41 Handlungsgehilfe in einem Krämerladen in Fürstenberg.

1841 Aufenthalt in Rostock und Hamburg; 11. Dezember Schiffbruch mit der Brigg »Dorothea« vor der Insel Texel.

1842–45 Büroangestellter, Korrespondent, Buchhalter in Amsterdam. Lernt nach eigener Methode Englisch, Französisch, Holländisch, Spanisch, Portugiesisch, Italienisch, Russisch.

1846 Agent der Firma Schröder u. Co. Amsterdam in Rußland.

1846–64 Kaufmann mit dem Sitz in St. Petersburg.

1846 Europareise: England, Frankreich, Belgien, Westdeutschland.

1847 Selbständig, Mitglied der I. Gilde der Großhändler in St. Petersburg.

1850–52 Erste Amerikareise: Kalifornien, Goldhändler in Sacramento; lernt Chinesisch.

1852 Zweiggeschäft in Moskau.

1852–68 Erste Ehe mit der Russin Katharina Petrowna Lyschin.

1853 Lernt Schwedisch, Dänisch, Polnisch, Slawonisch.

1854–56 Krimkrieg, Hochkonjunktur im Geschäft.

1855 Sohn Sergej geboren.

1856–57 Lernt Latein, Neu- und Altgriechisch.

1858 Tochter Natalia geboren.

1858–59 Orientreise: Ägypten, Palästina, Syrien; lernt Arabisch.

1859 Spanienreise.

1861 Lernt Hebräisch; Tochter Nadeshda geboren.

1864–66 Weltreise: Indien, Java, China, Japan, Amerika.

1865 Lernt Hindustani; schreibt sein erstes Buch: »La Chine et le Japon au temps présent«.

1866–70 Studium der Altertumswissenschaften in Paris; Unterbrechung durch Reisen; lernt Persisch.

1867–68 Reise nach Nordamerika und Kuba.

1868 Mittelmeerreise: Italien, Sizilien, Griechenland.

1869 Buch: »Ithaka, der Peloponnes und Troja«; Doktordiplom der

Universität Rostock; Reise nach Nordamerika (Indianapolis); Scheidung der ersten Ehe, zweite Ehe mit der Griechin Sophia Engastromenos.

1870	Im März Kykladenfahrt; im April erste Probegrabung auf Hissarlik; lernt Türkisch.
1871	Tochter Andromache geboren.
1871–73	Erste Ausgrabung in Troja.
1873	Auffindung des großen Goldschatzes (»Schatz des Priamos«).
1874	Versuchsgrabung in Mykene; Bücher: »Trojanische Altertümer« und »Atlas trojanischer Altertümer«.
1874–75	Prozeß mit der Türkei um den Goldschatz.
1876	Ausgrabung in Mykene, Fund der Schachtgräber.
1878	Buch: »Mykenae«; Sohn Agamemnon geboren.
1878–79	Zweite Ausgrabung in Troja mit Rudolf Virchow; Hausbau in Athen.
1880–81	Erste Ausgrabung in Orchomenos unter Beteiligung Wilhelm Dörpfelds.
1881	Schenkung der trojanischen Altertümer an das deutsche Volk; Ehrenbürger der Reichshauptstadt Berlin; Bücher: »Ilios« und »Orchomenos«.
1882	Dritte Ausgrabung in Troja mit Dörpfeld.
1883	Ehrendoktor der Universität Oxford; erster Plan zur Grabung auf Kreta.
1884	Buch: »Troja«; Beginn des Streits mit Hauptmann Bötticher.
1884–85	Grabungen in Tiryns mit Dörpfeld.
1885	Große Goldene Königliche Medaille für Kunst und Wissenschaft durch die Königin von England.
1885–86	Reise nach Mittelamerika (Havanna).
1886	Zweite Grabung in Orchomenos mit Dörpfeld; Große Goldene Medaille des Königlichen Instituts britischer Architekten; Reise nach Kreta mit Dörpfeld.
1886–87	Nilreise, allein.
1888	Nilreise mit Virchow.
1889	Reise durch den Peloponnes, Epirus, Leukas, Ithaka; erste Gelehrtenkonferenz auf Hissarlik mit Bötticher.
1890	März bis August vierte Grabung in Troja mit Dörpfeld; März zweite Gelehrtenkonferenz auf Hissarlik; 13. November Ohrenoperation in Halle; 26. Dezember Tod in Neapel.

BILDNACHWEIS

HISTORIA – PHOTO, Hamburg (8)
Privatbesitz (6)
Ruth Kunemann (geographische Karte)